『도덕경』
읽기

세창명저산책 **102**

『도덕경』 읽기

초판 1쇄 인쇄 2023년 8월 18일
초판 1쇄 발행 2023년 8월 25일

—

지은이 김진근
펴낸이 이방원
기획위원 원당희
책임편집 이희도   **책임디자인** 손경화
마케팅 최성수 · 김 준   **경영지원** 이병은

—

펴낸곳 세창미디어
    신고번호 제2013-000003호   주소 03736 서울특별시 서대문구 경기대로 58 경기빌딩 602호
    전화 02-723-8660   팩스 02-720-4579   이메일 edit@sechangpub.co.kr   홈페이지 http://www.sechangpub.co.kr
    블로그 blog.naver.com/scpc1992   페이스북 fb.me/Sechangofficial   인스타그램 @sechang_official

—

ISBN 978-89-5586-771-8   02150

※ 이 책은 한국교원대학교 2021학년도 연구년교수 학술지원비 지원을 받아 수행한 연구의 결과임.

세창명저산책

『도덕경』
읽기

102

김진근 지음

세창미디어
MEDIA

노자의 인물 됨과 사상 개괄

이에 대해서는 지금까지 수많은 사람이 설명하고 있으므로 새삼 나의 새로운 해설이 필요하지 않다고 본다. 다만 문헌상으로 '노자(老子)'에 관한 최초의 언급인 사마천(司馬遷)의 『사기(史記)』, 「노자열전」에 나오는 말을 분석하여 소개하는 것으로써 이를 대신하기로 한다. 사마천의 이 기록이 신비에 싸인 노자에 관한 서술로는 그래도 진실에 가장 가깝다고 보기 때문이다.

여기에서 사마천은, "노자는 초(楚)나라 고현(苦縣)의 여향(厲鄉) 곡인리(曲仁里) 출신이다. 성은 이씨(李氏)고, 이름은 이(耳)며, 자(字)는 백양(伯陽)이다. 시호는 담(聃)이다. 관직으로는 주(周)나라 수장실(守藏室)의 사관(史官)을 지냈다"[1]라 하고 있다.

수장실은 오늘날의 도서관과 비슷하고, 사관은 사서와 비슷한 일을 수행하던 사람이다. 다만 이 사관이 사서와 다른 점은, 생산된 문헌들만을 관리하는 것이 아니라, 직접 문서를 생산하기도 하는 사람이라는 것이다. 이를 보면, 노자는 권력을 누리는 벼슬을 하지 않고, 그 이전부터 전해 오는 문헌을 많이 접할 수 있는 직책을 지냈음을 알 수 있다. 따라서 그의 철학적 혜안에는 이러한 그의 전력(前歷)이 자리 잡고 있음을 짐작할 수 있다.

그런데 『사기』에서는 바로 이어서 노자의 학문적 경향을 나타내는 말과 함께 그를 신비화하는 서술을 하고 있다. 즉 공자가 그를 찾아가서 예(禮)에 관해서 물었는데, 그가 바로 앞에서 공자를 크게 꾸짖는 장면이 그것이다. 예를 주제로 하는 질문을 입에 담으니, 공자의 됨됨이가 '벌써 썩어 빠졌다[已朽矣]'라는 것이다.

예는 유가의 핵심 사상이다. 유가는 사람이 혼자 살아가는 것보다는 공동체를 꾸려서 살아가는 것이 더 낫고 생존에 효

---

1   老子者, 楚苦縣厲鄕曲仁里人也. 姓李氏, 名耳, 字伯陽, 諡曰聃. 周守藏室之史官也.

율적이라 보며, 이 사람 세상을 살맛 나는 것으로 가꾸는 데 궁극적인 목표를 두었다. 이렇게 함으로써 그 공동체 구성원 모두에게 살아갈 수 있는 지평을 확보해 줄 수 있다고 본 것이다. 유가의 본령은 바로 여기에 있다.

유가에서는 이러한 사람 세상이 짐승들의 무리보다는 훨씬 훌륭하다는 측면에서 '아름답다[文]'라고 하였다. 그리고 이를 사람이 이룬다는 의미에서 '인문(人文)'이라 하였다. 아울러 사람 세상을 이렇게 만들어 낸 것을 가리켜 '문화(文化)'라고 하였다. 즉 짐승들의 그것은 생존의 본능과 욕구만으로 이루어지는 나머지 약육강식(弱肉强食)의 양상을 드러냄에 비해, 사람들은 이 본능과 욕구를 다스림으로써 서로에게 양보하고[辭讓] 서로를 공경함으로써[恭敬] 사람 세상을 이루어 낸다고 보고, 이것이 격조와 차원에서 짐승들의 그것과는 비교가 안 될 정도라 여기는 것이다.

이렇게 함에서 결정적인 역할을 하는 것이 예(禮)다. 그래서 유가에서는 예를 그토록 강조하는 것이다. 그리고 예를 실현할 수 있는 관건으로서 인간 생존의 근본 체제라 할 수 있는 본능과 욕구를 다스리라고 하고 있다. 공자가 그의 고제(高弟)

안연(顏淵)에게 인(仁)의 으뜸가는 실천 덕목으로서 준 '극기복례(克己復禮)'라는 말에 이러한 의미가 담겨 있다.

사마천이 『사기』의 이 부분을 이렇게 설정한 것에 대해 내 나름대로 추측한 것은 다음과 같다. 공자는 유가의 비조(鼻祖)로 여겨지는 인물이다. 그런데 공자는, 노자가 자기보다 훌륭한 지성을 갖추었다고 여겼다. 공자는 이러한 노자도 역시 자기와 문제의식이 같으며, 당연히 이 예(禮)에 관해 관심이 있으리라 보았다. 그래서 노자가 예와 관련하여 유익한 가르침을 자기에게 줄 것이라 기대해서 물었던 것인데, 노자는 이를 듣자마자 바로 앞에서 공자를 신랄하게 꾸짖은 것이다. 이는 예에 대한 노자의 관점을 명확히 드러내는 것이다. 나는 사마천이 이러한 극적 효과를 노리기 위해 이 부분을 이렇게 구성한 것이라 본다. 즉 사마천은 공자보다는 노자를 높이 치고, 예(禮)에 대해 비판적인 자기의 관점을 은연중에 이렇게 내비치고 있는 것이다.

노자는 바로 이어서 논의 자체를 예(禮)와 반대되는 것으로 돌린다. 먼저 시운(時運)을 만나 자기 뜻을 실어 펼 수 있는지 없는지는 자신의 의지와는 관계없는 것이니 시운에 따르면

될 뿐이라 한다. 다만 제 의지로 할 수 있는 것으로서, 자신의 훌륭한 덕과 용모를 남들에게 그대로 드러내지 말고 반대로 어리석은 듯이 보이게 하라고 한다. 아울러 제 능력으로 세상을 바룰 수 있는 것처럼 나대지 말고, 얼굴 가득 자신감 넘치는 표정을 짓는 것이나 의지를 품는 것조차 꺾으라고 한다. 한마디로 세상일에 수동적, 소극적으로 임하라는 것이다.

이러한 노자의 주장은 공자나 유가의 처세 방법과 정면으로 배치되는 것이라 할 수 있다. 왜냐하면 우리가 살아가는 세상에는 늘 문제와 모순이 있음이 엄연한 사실이고, 유가에서는 적극적으로 나서서 이에 대처하고 바루라 함에 비해, 노자는 세상일에 대해서는 못 본 체하며 소극적 태도를 보이라고 하기 때문이다.

이러함에도 불구하고 사마천의 이 기록에서는 공자의 입을 빌려 노자를 용(龍)에 비유하며, 공자로서는 가늠할 수조차 없는 절정의 경지에 있는 인물인 양 묘사한다. 나아가 그는 도(道)와 덕(德)을 닦았고, 자신을 이름도 없는 은둔의 존재로 여기게끔 하는 가르침을 폈다고 한다. 마지막에는 주(周)나라가 시운이 다한 것을 보고 떠나며 함곡관(函谷關)에 이르게 되었는데, 이 관(關)의 대장 윤희(尹喜)의 강권에 못 이겨 5천여 자(字)에 이르는 저술을 남기고 떠났다고 한다. 이것이 바로 지금 보려고 하는 『노자』, 또는 『도덕경』이다. 그리고 노자가 어디에서 어떻게 죽었는지에 대해서는 알 수가 없다고 서술하고 있다.

사마천은 나아가 전언(傳言)의 형식을 빌려 노래자(老萊子)를 소개하며 공자와 동시대 인물이라 하고 있다. 사마천은 이 노래자가 15편에 이르는 저서를 남겼는데, 이것이 도가에서 활용되었다고 서술하고 있다. 또 주(周)나라 태사(太史) 담(儋)이라는 인물을 소개하며, 이 담이 노자라는 설도 있고 아니라는 설도 있다고 한다.

사마천의 이러한 서술 태도는 노자가 정확히 누구인지 특정(特定)하지 않는 것이라 할 수 있다. 그리고 노자의 수명이 160세라고도 하고 200여 세라고도 하는 설을 전하고 있다. 아울러 노자를 '은군자(隱君子)'라는 말로 맺고 있다.[2] 따라서 사마

2　사마천(司馬遷), 『사기』, 「노자열전」: 孔子適周, 將問禮于老子. 老子曰, "子所言者, 其
　　人與骨, 皆已朽矣, 獨其言在耳! 且君子, 得其時則駕, 不得其時則蓬累而行. 吾聞之, 良

천의 「노자열전」을 통해서 본 노자는 매우 모호하고도 신비에 싸인 인물이라고 할 수 있다.

賈深藏若虛, 君子盛德容貌若愚. 去子之驕氣與多欲·態色與淫志, 是皆無益于子之身. 吾所以告子若是而已." 孔子去謂弟子曰, "鳥吾知其能飛, 魚吾知其能游, 獸吾知其能走. 走者可以爲罔, 游者可以爲綸, 飛者可以爲矰. 至于龍, 吾不能知其乘風雲而上天. 吾今日見老子, 其猶龍邪!" 老子修道·德, 其學以自隱無名爲務. 居周久之, 見周之衰, 迺遂去. 至關, 關令尹喜曰, "子將隱矣, 强爲我著書." 于是, 老子迺著書上下篇, 言道德之意, 五千餘言而去. 莫知其所終. 或曰, "老萊子, 亦楚人也, 著書十五篇, 言道家之用. 與孔子同時." 云. 蓋老子百有六十餘歲, 或言二百餘歲, 以其修道而養壽也. 自孔子死之後百二十有九年, 而史記周太史儋見秦獻公曰, "始秦與周合而離, 離五百歲而復合, 合七十餘歲而霸王者出焉." 或曰, "儋卽老子", 或曰, "非也", 世莫知其然否. 老子, 隱君子也.

010

차례

상편 | 도경(道經)

하편 | **덕경**(德經)

상편

—

도경
(道經)

제1장

—

道可道非常道, 名可名非常名. 無名天地之始, 有名萬物之母. 故常無欲以觀其妙, 常有欲以觀其徼. 此兩者同出而異名, 同謂之玄. 玄之又玄, 衆妙之門.

도(道)는 말로 표현할 수 있으면 한결같은 도[常道]가 아니고, 명(名)은 '명'이라 할 수 있으면 한결같은 명[常名]이 아니다.

아무런 명도 없는 것이 이 세계의 시작이고, 어떤 명이든 있는 것이 만물의 어머니다.

그러므로 늘 아무런 욕심도 없는 상태에서 그 오묘함을 보고, 욕심이 있는 상태에서는 늘 겉으로 드러난 것들만을 본다.

이 '아무런 명도 없음[無名]'·'어떤 명이든 '있음'[有名]
둘은 같은 곳에서 나왔는데도 명이 다른데, 같다는 측
면에서 '현묘하다[玄]'라고 한다. 현묘하고도 또 현묘한
것이 온갖 오묘함이 나오는 문이다.

해 설

1. 동아시아 철학사에서 사람의 인식이 지닌 한계를 가장
먼저 지적한 철학자가 노자다. 이 장(章)의 이 간결한 어구(語
句) 속에는 노자의 이러한 철학적 혜안이 드러나 있다. 이에
관해서 설명해 보겠다.

이 세계에 대한 사람의 인식은 철저하게 제한적이다. 즉
사람은 인식능력의 근본적인 한계를 지닌 채 태어나는데, 이
한정된 능력에 의할진대 근원적으로 사람의 인식이 미칠 수
없는 미시(微視) 세계와 거대(巨大) 세계가 있다는 것이다. 이들
세계는 사람의 인식능력 밖에 있다고 보아야 한다. 물론 이

들 세계는 사람의 인식이 닿지 않기 때문에 사람으로서는 짐작조차 할 수 없다. 단지 유추만 가능할 뿐이다. 그리고 사람의 인식 범위 속에 들어온 세계는 전체 세계에서 극히 일부라고 할 수밖에 없다. 과학과 기술의 발전에 힘입어 이 미시 세계와 거대 세계가 사람의 인식 가능 범위로 들어오면서 그 내용이 밝혀지고 있다. 인류의 과학사를 보면 이 범위는 갈수록 커지고 있기는 하다.

사람의 개념은 원천적으로 이 인식에 종속된다. 즉 직접 경험이나 간접 경험을 통해 인식된 것들만 사람의 머릿속에 개념으로 쌓일 뿐, 그렇지 아니한 것들은 절대로 사람의 머릿속에 개념으로 자리 잡을 수가 없는 것이다. 나아가 사람은 머릿속에 있는 이 개념들만을 말로 표현할 수 있을 뿐, 머릿속에 없는 개념이란 그 누구도 말로써 표출할 수가 없다. 그러므로 사람의 개념과 말은 선천적으로 불완전한 것이라 할 수 있다.

사람의 인식능력과 수준이 이러하므로 어떤 사람이든 자신의 인식에 함몰하여 나댈 때는 문제를 일으키게 된다. 불교에서 말하는 '무명(無明)'에는 바로 이러한 논리가 담겨 있다.

'무명'은 사람이 태어날 때부터 가지고 있는 이 인식능력의 불완전함을 가리키는 말이기 때문이다. 불교에서는 이 '무명' 때문에 보통 사람[凡夫]은 진리를 깨닫지 못하고 문제를 범하게 되며, 이렇게 해서 범한 문제들이 업(業)이 되어서 전생윤회(轉生輪迴)한다고 말한다.

이 '무명' 때문에 보통 사람[凡夫]이 진리를 깨닫지 못하고 문제를 범하게 된다고 함은, 기독교의 '원죄'설을 연상시키기도 한다. '인간이 생겨날 때부터 불완전하다는 것'이, 바로 '죄를 짓지 않을 수 없도록 세팅되어 있다는 것'으로서 이해될 수도 있기 때문이다.

도가(道家)에서 말하는 '도'는 사람들의 인식 너머에 있다. 도가에서는, 사람의 인식능력 속에 있는 세계와 그 밖에 있는 세계를 포괄하여, 생성의 근원으로서 이들 세계를 주재하며 돌아가게 하는 것을 '도'라 하기 때문이다. 따라서 사람들로서는 이 '도'에 대한 완전한 인식이 불가능하여 그 개념을 형성할 수가 없으니, 사람의 개념 속에서 '도'에 대한 내용은 공허하며, 나아가 이 '도'를 말로써 표현할 수가 없는 것이다.

이러한 관점에서 보건대, 이제 거꾸로 '말로 표현할 수 있는 도[可道]는 그 어떤 것도 '한결같은 보편의 도[常道, 恒道]'를 온전히 드러낸 것일 수가 없다고 할 수 있다. 다시 말해서, 말로써 구체적으로 표현하는 것들은 그 어떤 것도 도를 온전하게 드러내는 것일 수 없다는 것이다. 이렇게 말로 표현되는 것들은 원천적으로 이 세계에 대해 인간 자신이 인식한 부분만을 반영하고 있기 때문이다. 노자 『도덕경』의 첫 구절에는 이러한 함의가 깔려 있다.

이를 바탕으로 예를 들어보자. 신(神) 또는 하느님 등을 지칭하는 절대자는 도 차원의 존재다. 따라서 인간의 개념이나 말 안에 담기지 않는다. 다시 말해서 사람의 인식으로써는 이 존재를 온전하게 파악할 수 없다. 그래서 이러한 인식에 근거한 개념이나 말로써는 이 존재를 온전히 드러낼 수 없는 것이다. 이 절대자는 사람의 인식, 개념, 말 등을 훌쩍 초월한 차원의 존재들이기 때문이다. 절대자에서 '절대(絶對)'라는 말의 함의가 이것이다. 따라서 절대자에 대해 구체적 내용을 전달하는 긍정 형식의 말들은 모두 '말로 표현할 수 있는 도[可道]'에 속하며, 절대자를 부분적으로 반영하는 것에 지나지 않을 뿐이다. 이것은 결코 절대자를 온전하게 드러내는 것일 수 없다.

이렇게 볼 때, 자신이 절대자의 진면모를 온통 드러낸다고 하며 신도(信徒)들을 현혹하는 것은 혹세무민(惑世誣民)이라 아니할 수 없다. 지금 한국의 이른바 '사이비' 종교들에서는 이렇게 '말로 표현할 수 있는 도[可道]'로써 절대자를 규정하는, 그래서 결과적으로는 절대자를 모독하는 것이라 할 수밖에 없는 말들이 넘쳐나고 있다. 노자의 이 구절에서 제시하고 있는 지적은 바로 이들에게도 그대로 적용된다.

명(名)도 마찬가지다. 원래 유가는 이 명(名)을 잡아서 사람 세상을 바루려고 하였다. 이것이 유가의 '정명(正名)'론이다. 공자는 '정명(正名)'을 정치의 근간이자 요체로 삼고 있기 때문이다.[3]

이 공자의 '정명(正名)'론에서 '명'은 '명분(名分)'을 의미한다. 다음 국어사전에서는 이 '명분'의 기본 의미를 "신분이나 이름에 걸맞게 지켜야 할 도리를 의미하는데, 특히 군신, 부자, 부

---

3 『論語』,「子路」: 子路曰, "衛君待子而爲政, 子將奚先?" 子曰, "必也正名乎!" 子路曰, "有是哉, 子之迂也! 奚其正?" 子曰, "野哉, 由也! 君子於其所不知, 蓋闕如也. 名不正, 則言不順, 言不順, 則事不成, 事不成, 則禮樂不興, 禮樂不興, 則刑罰不中, 刑罰不中, 則民無所錯手足. 故君子名之必可言也, 言之必可行也. 君子於其言, 無所苟而已矣."

부가 서로 지켜야 하는 도덕상의 일을 이른다"라고 하고 있다. 이렇게 보면, '명분'은 사람 세상을 이루고 있는 각 구성 인자에 부여된 도리·의리를 의미한다고 할 수 있다. 이러한 '명'은 사람 세상, 즉 공동체를 이루는 직책과 직위, 명의(名義) 등을 포괄한다. 따라서 사람 세상을 이루어서 사람의 불완전함을 해소하고자 하는 유가에서는 이 '명'이 그 성패를 가름할 핵심 요소라 할 수 있다.

이러한 관점에서 볼 때, 이 공자의 '정명'론은 '명'을 기반으로 하여 사람 세상을 정확하게 운용해 나아가라는 것인데, 각각의 '명'을 차지하고 있는 그 구성원들에게 그에 부합하는 도리와 의무 등을 잘 지키며 요구되는 책무를 제대로 성취하라고 함을 의미한다고 할 수 있다. 그 예를 우리는, "임금은 임금답고, 신하는 신하다우며, 부모는 부모답고, 자식은 자식다워야 한다"고 하는 공자의 말에서 확인할 수 있다.[4]

문제는 이 '명'에 대한 개념이 누구나 동의할 수 있도록 보

---

4   『論語』,「顔淵」: 齊景公問政於孔子. 孔子對曰, "君君, 臣臣, 父父, 子子." 公曰, "善哉! 信如君不君, 臣不臣, 父不父, 子不子, 雖有粟, 吾得而食諸?"

편타당하게 규정될 수 있는 것이 아니라, 각인각색(各人各色)으로 다를 수 있다는 점에 있다. 즉 '임금다움'·'신하다움'·'부모다움'·'자식다움'이 구체적으로 어떠한 것이냐에 대해서 사람들 모두가 하나로 동의할 수 없다는 것이다. '말로써 표현된 명[可名]'은 다 다를 수 있기 때문이다. 예컨대 임금이 보는 '임금다움'·'신하다움'이 신하가 보는 그것들과는 다를 수 있고, 부모가 보는 '부모다움'·'자식다움'이 자식이 보는 그것들과는 다를 수 있다. 그래서 '임금다움'·'신하다움'을 놓고서 임금과 신하 사이에 불일치가 발생할 수 있으며, '부모다움'·'자식다움'을 놓고서도 부모와 자식들 사이에 불일치가 발생할 수 있다. 한마디로 '말로써 표현된 명[可名]'의 차원에서는 구성원들 사이에 불일치로 말미암은 대립이 일어날 수가 있는 것이다.

이처럼 사람의 인식이 근본적으로 한계를 지닌 것이기 때문에 '명' 전체를 포괄할 수 없음에도 불구하고 유가에서 주창하는 '명'은 자기들의 틀 속에 한정하고 있다는 문제점을 낳는다. 즉 '임금다움'·'신하다움'·'부모다움'·'자식다움'을 '말로써 표현한 것들'은 무수히 많을 수 있음에도 불구하고, 유가에서는 자신들의 틀 속에서만 이들의 의미를 한정해 버리는 것이다. 즉 그들의 '말로써 표현된 명[可名]'이 추호도 틀림이 없는 것이라는 전제를 두고서 사람들을 이 틀 속으로 몰아가는 것이다.

이렇게 함에서 도그마가 생겨날 수 있고, 당파적 이해와 당파적 관점이 형성될 수 있으며, 진영 논리가 생겨난다. 공동체를 이러한 틀에 맞추어서 운용하다 보면 그 운용을 지나치게 경직된 것이게 하는 문제가 발생할 수 있다. 조선시대의 현종~숙종 연간에 벌어진 예송(禮訟)에서 그 단적인 예를 확인할 수 있다. 또 지금 한국 사회에서 벌어지고 있는 진영 논리와 이에 입각한 살벌한 대립·투쟁에서도 우리는 이를 실컷 목도하고 있다.

노자는 이 『도덕경』의 첫 구절에서 유가의 '정명'론과 '예악(禮樂)'론 및 명가(名家)와 묵가(墨家) 등 당시 '명(名)'을 주제로 하여 논쟁을 벌이고 있던 세태를 이 구절에서 비판하고 있는 것이다. 따라서 이 구절에서는 또한 노자 철학의 혜안을 발견할 수 있다.

2. "아무런 명도 없는 것이 이 세계의 시작이고, 어떤 명이든 있는 것이 만물의 어머니다[無名天地之始, 有名萬物之母]"라는 구

절에서, 역대 제가들이 이 구절을 끊어 읽은 방식에는 두 가지가 있다. 이는 이 구절의 '名(명)'이라는 글자를 동사로 보느냐, 명사로 보느냐와 관련되어 있다.

첫째, 이 '名(명)'을 동사로 보면 '명명(命名)하다', 즉 '~라고 이름을 붙이다', 또는 '~이라고 한다'를 의미한다. 그럼 이 구절은 "無[주어]+名[동사]+天地之始[목적어], 有[주어]+名[동사]+萬物之母[목적어]"로서 "무(無: 아무것도 없음)는 이 세계의 시초를 명명한 것이다[무는 이 세계의 시초다]. 유(有: 무엇이든 있음)는 만물의 어머니를 명명한 것이다[유는 이 만물의 어머니다]"로 번역할 수 있을 것이다.

이를 분석해 보자. '없음[無]'은 우리의 인식을 넘어서 있는 것이다. 이에 비해 '있음[有]'은 우리의 인식 속에 들어와 있는 것이다. 그래서 있는 것이고 구별되는 것이다. 만물은 이러한 차원에서 의미를 갖는 것이다. 모두 한정된 것들이고 유한한 것들이다. 이렇듯 한정된 것들, 즉 '있음[有]'이어야만 만물이 될 수 있다. 그런데 이 세계의 시초는 우리의 인식을 넘어서 있으므로 '없음[無]'이라고 할 수밖에 없다. 이것이 사람의 인식과 개념 속에 있는 그 무엇도 아니기 때문이다. 그 인식과 개념 속에서는 '없는 것'이다. 만약에 있는 것이면 바로 그것은 한정된 것이고, 이래서는 바로 '있음[有]'의 차원으로 떨어져 버린다. 그렇다면 이 세계의 시원이 될 수가 없다. 한정되고 유한한 것은 궁극적으로 자기 원인자가 될 수 없기 때문이다. 그러면 또 그 원인자를 설정해야만 한다. 그래서 이 구절에서는 '없음[無]'이 이 세계의 시초이고, '있음[有]'은 만물의 어머니라 한 것이다. '名'을 동사로 보면 이렇게 풀이할 수 있다.

그런데 '명'을 이렇게 동사로 보면, 바로 앞의 구절에서 '가명(可名: 명으로 표현할 수 있는 것)'을 부정하고 있는 것과 배치(背馳)된다. '무'와 '유'를 명명(命名)하고 규정짓는 것으로 보이기 때문이다. 그럼 '무'는 명명할 수 없는 것이라는 바로 앞 구절의 의미와 어긋나게 된다. 그래서 나는 여기에서 이 구두법을 따르지 않았다.

둘째, 이 '名(명)'을 명사로 보면 앞의 '無(무)'·'有(유)'와 함께 각기 한 단어를 이루게 된다. 즉 '無名(무명)'·'有名(유명)'이 되는 것이다. 그럼 '無(무)'·'有(유)'는 각기 '名(명)'을 부정함과 긍정함을 의미하는 수식어가 된다. 그리하여 '無名(무명)'·'有名(유명)'은 주어가 되고, '天地之始[세계의 시작]'·'萬物之母[만물의 어머니]'

는 각각 이들의 술어가 된다. 나는 이 둘째의 의미를 살려 여기에서 이렇게 '아무런 명도 없는 것[無名]', '어떤 명이든 있는 것[有名]'으로 각기 번역하였다.

3. "그러므로 늘 아무런 욕심도 없는 상태에서 그 오묘함을 보고, 욕심이 있는 상태에서는 늘 겉으로 드러난 것들만을 본다[故常無欲以觀其妙, 常有欲以觀其徼. 此兩者同出而異名, 同謂之玄. 玄之又玄, 衆妙之門]"라고 함에서, 욕심은 사람의 인식을 그릇되게 하는 큰 장애 요인이다. 인간이 욕심에 싸여 있으면 절대로 대상을 있는 그대로 보지 못한다. 이를 보여주고 있는 예술 작품들도 수없이 많다. 실제로 우리 스스로 이러한 경험을 하는 경우 역시 많을 것이다. 따라서 노자는 이 구절에서 이를 경계하고 있는 것이다. 어느 종교와 철학이든 모두 사람의 차원을 넘어서는 것에 대한 깨달음을 지향할 적에는 첫째로 욕심을 없앨 것을 요구한다.

4. '현묘하다[玄]'는 것은 그 대상이 우리의 인식능력 밖에 있으므로 우리의 개념 속에 자리 잡고 있지 않다는 뜻이다. 따라서 이 '현(玄)' 자는 '검다', '어둡다'라는 의미를 담고 있다. 존재한다고는 할 수 있는데 빛이 완전히 사라져서 전혀 인식

이 미칠 수 없고, 그래서 개념조차 형성할 수 없음을 말한다. 우리가 무엇을 모르는 경우 '까막눈'이다, "까맣게 기억이 나지 않는다"라고 하는 말 안에 이러한 맥락과 의미가 담겨 있다. 또한 칠흑같이 어두운 밤에 사지 분간을 할 수 없는 경우를 떠올리면 이에 대해서는 이해되리라 본다.

노자는 여기에서 이 '현묘함[玄]'으로써 '천지와 시작'과 '만물의 어머니'로서 구별되어야 할 둘이 '같음'으로 떨어진다고 하고 있다. 즉 '무명(無名)'과 '유명(有名)'으로서 상반되는 것들을 '같음'으로 환원시킴을 이 '현묘함[玄]'으로써 표현한 것이다. 이 '현묘함[玄]'은 구체적인 내용을 담은 것이 아니므로 '말로 표현할 수 있는 도[可道]'의 차원으로 떨어지는 것이 아니다. 따라서 이 '현묘함'의 차원에서는 구별 자체가 불가능하다. 칠흑같은 어둠 속에서는 하늘·땅조차도 분간할 수 없음을 상정해 보라. 이 어둠 속에서는 상반되는 동쪽과 서쪽도, 남쪽과 북쪽도 구분할 수 없을 뿐만 아니라, 위와 아래도 구분이 안 된다. 모든 것을 그저 '없음[無]'이라는 하나의 차원으로 환원해 버린다.

인간의 차원에서는 '천지의 시작'과 '만물의 어머니'에 대해 인식할 수 없으며, 따라서 이에 대해서는 어떤 개념도 형성할 수 없다. 이 둘에 대해서 인간의 인식과 개념은 마치 칠흑 같은 어둠[玄] 속에서처럼 분간도 구분도 할 수 없다. 그래서 '말로 표현할 수 있는 도[可道]'의 차원에서라면 절대로 '같음'으로 떨어질 수 없는 '천지의 시작'과 '만물의 어머니', '무명(無名)'과 '유명(有名)'을 이 '현묘함'의 차원에서는 '같음'으로 환원하는 것이다.

이 '현묘함[玄]' 의미를 잘 파악하여 논의를 전개한 사람이 바로 전한(前漢)의 양웅(揚雄, B.C. 53~18)이다. 그의 주저 『태현경(太玄經)』 속에 이 점이 잘 드러나 있다. 양웅은 『노자』의 바로 이 구절, 즉 '말로 표현할 수 있는 도[可道]'의 차원에서라면 서로 모순된다고 할 수 있는 '천지의 시작'과 '만물의 어머니', '무명'과 '유명'을 이 '같음'으로 환원하기에 '현묘하고도 또 현묘한 것[玄之又玄]'이라 함에 착안하여, '현묘함'을 최고의 범주로 삼아 『주역』과 대비되는 논지를 펼쳤다. 그에게서 이 '현묘함[玄]'은 이 세계의 궁극적 근원을 지칭하는 것이다. 이 양웅 『태현경』의 '현(玄)' 사상에 영향을 받아 송대의 사마광(司馬光, 1019~1086)은 『잠허(潛虛)』를 발표하였다.

제2장

——

天下皆知美之爲美, 斯惡已; 皆知善之爲善, 斯不善已. 故有無相生, 難易相成, 長短相較(形), 高下相盈, 音聲相和, 前後相隨. 是以聖人處無爲之事, 行不言之敎. 萬物作焉而不始, 生而不有, 爲而不恃, 功成而弗居. 夫唯弗居, 是以不去.

　세상 사람들이 모두 아름다운 것을 아름답다고만 알고 있으나, 이들은 추악할 따름이다. 또 모두 착한 것들을 착하다고만 알고 있으나, 이들은 착하지 않을 따름이다.

　그러므로 '있음[有]'과 없음[無]은 서로 생겨나게 하고, 어려움과 쉬움은 서로 이루어 주고, 긺[長]과 짧음[短]은 서로 비교되게 하고, 높음과 낮음은 서로 기울어지게 하고, 사람에 의해 구분된 소리[音]와 자연 일반의 소리[聲]는 서로 어울리며, 앞과 뒤는 서로 따른다.

이러하므로 성인은 무위(無爲)의 방식으로 세상일을 처리하고, 말하지 않는 방식으로 가르침을 행한다. 만물이 일어나도록 할 뿐 시작하도록 하지는 않고, 생겨나도록 하면서도 자신의 소유로 삼지 않으며, 하고서도 이를 자랑하지 않고, 공(功)이 이루어지더라도 자신이 차지하지 않는다. 이처럼 오직 자신이 차지하지 않기 때문에 그 공이 사라지지 않는다.

해설

1. 여기에서 노자가 지적하고 있는 것은, '말로 표현할 수 있는 도[可道]'·'표현될 수 있는 명[可名]'의 차원에서 일어나는 특성이자 문제점이다. 이 차원에서는 그 누구도 온전한 인식과 개념을 형성할 수 없다. 자기의 관점에 국한된 특정 인식

과 개념만 가질 수 있을 따름이다. 즉 모두가 모두에게 상대적 인식과 개념만을 갖는 것이다.

따라서 그 누구의 인식과 개념에 대해서도 그 반대가 성립할 수 있다. 예컨대 이승만과 박정희·박근혜에 대한 우리의 인식과 견해를 보자. 어느 쪽에서는 이들을 아름답고 착하다고 하고, 그 반대쪽에서는 추악한 독재자라고 하며 비난한다. 진보적인 사람일수록 보수 진영의 사람에게는 나쁘게 보이며, 그 역도 마찬가지다.

2019년 7월부터 검찰발로 비롯된 사태에서도 이러한 면은 잘 드러난다. 이 긴 기간의 검찰 칼춤 이후 조국이라는 인물에 대해서 지금 한국인들의 견해는 각기 호(好)·오(惡), 선(善)·악(惡)의 한쪽으로 확연하게 갈리고 있다. 그뿐인가, 보통 사람으로서는 심지어 예수님과 부처님에 대해서조차 생각과 견해가 갈리고, 사랑, 인(仁)에 대해서도 명확하게 정(正)·반(反) 양쪽으로 입장과 평가가 갈린다.

'있음[有]'과 '없음[無]', 어려움과 쉬움, 깊음[長]과 짧음[短], 높음과 낮음, 음과 소리 등은 모두 이런 상대성 속에 자리 잡고 있다. 그야말로 이들은 대대(對待)와 상반상성(相反相成)의 관계를 이룬다. 즉 '있음'은 '없음'으로 말미암아 생기고, '없음'은 '있음'으로 말미암아 생긴다. 즉 서로 반대되는 것들끼리 서로 상대방을 이루어 주는 것이다. 말하자면 이들 중 어느 한 항이 절대적인 것이 아니고 모두 자기와 반대되는 짝 항으로 말미암아 생길 뿐만 아니라, 사람들의 관점에 따라서 이것들이 달라진다는 것이다.

예컨대 '있음'과 '없음'은 서로 대대적인데, 누구에게는 '있음'으로 보이는 것이 누구에게는 '없음'으로 보일 수 있다. 예컨대 신(神)이 그러하다. 또 누구에게는 쉬운 것이 누구에게는 어려울 수 있으며, 누구에게는 긴 것이 누구에게는 짧을 수 있는 것이다. 높음과 낮음, 음과 소리도 마찬가지다.

이에 대해서는 송대의 소철(蘇轍, 1039~1112)의 다음과 같은 말을 참고할 만하다.

세상 사람들은 형(形)과 명(名), 즉 실제 이룬 일과 그 직책을 연관시켜 평가하여서는 '아름답다'거나 '추악하다'고 말하는데, 이렇게 해서 말하는 '아름답다'는 것과 '훌륭하다'는 것들이 어찌 참으로 아름다운 것이고 참으로 훌륭한 것이겠는가! 그들은 '있음'과 '없음', '어려움'과 '쉬움', '높음'과 '낮음', '소리'와 '음', '앞'과 '뒤' 등이 서로 생겨나게도 하고 서로 부정하기도 하는 것이어서 모두 절대적으로 정확한 것이 아님을 알지 못한다. 스스로 길다고 하는 이도 자기보다 긴 사람과 함께 있으면 곧 짧은 것이 되고, 스스로 앞이라 여기는 이도 자기보다 앞에 있는 이를 '앞'이라 하면 자신은 곧 '뒤'가 되고 만다. 이렇게 볼 때, 자신에게 아름답게 보인다고 하여 진실로 그러하다고 믿는다면, 참다움으로부터 벗어남이 멀어질 것이다.[5]

---

5 蘇轍, 『老子解』 卷上: 天下以形名言美惡, 其所謂美且善者, 豈真美且善哉! 彼不知有無·難易·高下·聲音·前後之相生相奪, 皆非其正也. 方且自以爲長, 而有長于我者臨之, 斯則短矣; 方且自以爲前, 而有前于我者先之, 斯則後矣. 苟從其所美而信之, 則失之遠矣. 안(按): 소철은 소순(蘇洵, 1009~1066)의 아들이고, 소식(蘇軾, 1037~1101)의 동생이다. 사람들은 이 세 부자를 '삼소(三蘇)'라 부른다. 셋 다 역사에 끼친 영향력과 명성이 그만큼 컸기 때문이다. 이 소철은 특히 '작은 소씨[小蘇]'라는 애칭으로 불린다. 이들은 똑같이 '당송팔대가(唐宋八大家)'로 꼽힌다. 소철의 저작으로는 『난성집(欒城集)』이 전한다.

그러므로 이러한 차원과 수준, 즉 불완전하다고 할 수밖에 없는 사람들 각자의 관점에서 이루어진 인식과 주장은 원천적으로 한계를 지닌 것이고 불완전한 것이다. 그런데도 자신의 인식과 견해에 집착하고 함몰함은 이미 그 자체로 문제가 있는 것이고, 남과의 대립·충돌의 가능성을 필연적으로 안고 있는 것이다. 노자가 이 장에서 말하고자 하는 것이 이것이다.

2. 유가든, 도가든, 동아시아에서 '성인(聖人)'은 사람이 가진 불완전함을 탈피한, 그야말로 완전무결한 존재로 간주하고서 논의를 전개한다. 전혀 오류를 범하지 않는 이상적 인간형으로서, 보통 사람으로서는 그 경지와 수준을 가늠조차 할 수 없는 존재를 성인으로 여기는 것이다. 즉 '없음(無)'의 차원과 세계를 이해하고 있는 존재들이다. 여기에서 노자가 말하는 '성인'에도 이러한 의미가 담겨 있다.

그러므로 성인은 보통 사람이 하는 방식으로 일을 처리하지도 않고 살아가지도 않는다. 유위(有爲)는 보통 사람이 일을 처리하는 방식이다. 무엇인가 특정한 것을 하는 것이다. 이것들은 긍정의 언명(positive utterance, positive statement)을 통해서 표현될 수 있다. 이러하므로 유위는 완전하지 않은 것이고 특수하고 부분적인 것이며, 대대(對待) 관계에 있는 것과는 대립과 모순을 야기할 수 있다. 보통 사람이 하는 모든 유위에는 이러한 문제점이 내재되어 있다.

이에 비해 '무위(無爲)의 방식'이란 이러한 '불완전하고 특정한 무엇을 함[有爲]'을 초월한 것이다. 여기에서 '없음[無]'은 결코 단순한 '없음'이 아니라, 어떠한 '있음[有]'에도 한정되거나 닫히지 않는다'는 의미다. 따라서 이에 대해서는 긍정의 언명을 통해서 표출할 수가 없고, 단지 부정의 언명(negative utterance, negative statement)을 통해서 그 변죽만을 울릴 수 있다. '무위(無爲)'라 함에는 바로 이러한 의미가 담겨 있다.

이를 굳이 표현하자면 포괄적 전체, 보편이라 할 수 있다. 그래서 보통 사람에게는 그저 '없음[無]'으로서 다가올 뿐이다. 즉 그 함[爲]이 보통 사람에게는 특정한 것으로 잡히지 않고 그 인식의 범위를 벗어나기 때문에, 없는 것으로 보이는 것이다. 아니 인식 속에 잡히지 않기 때문에, '있음'으로 다가오지 않으니 아예 그 관념 속에는 '없음'인 것이다. 노자가 여기에서 거론하고 있는 부정의 언명들, 즉 무위(無爲)·불언(不言)·불사

(不辭)·불유(不有)·불시(不恃)·불거(不居)·불거(不去) 등에는 모두 이러한 논리가 담겨 있다. 하늘이 하는 일, 신(神)이 하는 일이 이에 해당할 수 있다. 그런데 노자는 사람 중의 가장 이상적인 성인의 함[爲]을 여기에 배당하고 있다.

'말하지 않는 방식[不言之]'이라 함에도 이러한 의미가 담겨 있다. 이러한 성인은 자신의 장(場, field)을 고집하거나 집착하지 않는다. 그렇다면 성인도 유위(有爲)로 드러날 것이다. 그러나 성인은 유위의 존재로서의 자신을 없앤 인물이다. 그래서 그에게는 대(對)가 있을 수 없고, 아울러 그에게서 대립과 투쟁은 덩달아 사라진다. 자신의 장을 초월하였기에 무위의 방식으로 세상일을 처리하고, 그래서 만물은 그의 간섭을 받지 않고 저절로 그러함[自然]의 차원으로 드러난다. "생겨나도록 하면서도 자신의 소유로 삼지 않으며, 공(功)이 이루어지더라도 자신이 차지하지 않는다"라고 함에도 이러한 의미가 담겨 있다.

하늘과 신(神)과 도(道) 등이 보통 사람에게는 '없음[無]'으로 있지만, 그렇다고 해서 완전히 없는 것은 아니다. '저절로 그러함[自然]'의 방식으로 존재하는 만물이 이들이 존재함을 결과적으로 반증한다고 할 수 있기 때문이다. 말하자면 만물들 자체에서는 자신이 존재함의 궁극적 원인을 찾을 수 없으니, 그 원인의 계열을 벗어나 있는 차원의 궁극적 존재를 상정하고, 이를 '하늘'·'신'·'도'라는 용어로 표현하는 것이다. 즉 만물 생멸의 궁극적 원인이 이들에게 있다는 것이다. 이는 토마스 아퀴나스의 '신의 존재 증명'과도 같은 것이다.

그런데 이들은 보통 사람이 보기에 무위의 방식으로 작동하며, 자신의 편협함에 사로잡히지 않기 때문에 오히려 그 보편의 대공(大功)을 이룰 수 있는 것이다. "이처럼 오직 자신이 차지하지 않기 때문에 그 공이 사라지지 않는다"라고 함에 바로 이러한 의미가 담겨 있다. 노자는 여기에서, 이것이 또한 성인의 함(爲)의 방식이요, 원리라 하고 있다.

3. 여기에서 '사람에 의해 구분된 소리'와 '자연 일반의 소리'로 번역한 '음(音)'과 '성(聲)'에 대해서는 역대 제가들에 의해 각기 다른 해석들이 무수하게 제기되었다. 그만큼 이에 대한 해석이 쉽지 않다는 것을 방증한다. 예컨대 『노자』에 대한 최초의 주석본으로 알려진 하상공(河上公)의 주(注)에서는 "윗사람이 주창하면 아랫사람은 반드시 화답한다(上唱下必和也)"라고

풀이하여 '음'과 '성'을 윗사람이 내는 소리와 아랫사람이 내는 소리로 보고 있다. 원대(元代)의 오징(1249~1333)은 이 풀이를 따른다.[6] 청대의 서대춘(徐大椿, 1693~1771)은 "무릇 음향은 모두 '성(聲)'이라 하고, 이것들이 나와서 서로 응하는 것을 '음(音)'이라 한다"라고 하여 자연계 일반의 소리는 모두 '성(聲)'이고, 사람에 의해 재구성된 소리는 '음(音)'이라 하고 있다. 그리고는 '성(聲)'이 보다 광범위하고 '음(音)'의 필요조건이라는 의미에서 "성이 있고 난 뒤에 음이 있다"라 하고 있다.[7] 나는 여기에서 이 서대춘의 풀이에 따라서 번역하였다.

오늘날에 와서도 매우 다기(多岐)한 해석들이 제기되고 있다. 천구잉[陳鼓應]은 사람이 만든 악기들이 내는 소리를 '음(音)'이라 하고, 사람이 내는 소리를 '성(聲)'이라 한다.(『老子註譯及評介』) 칭닝즈[淸寧子]는 천구잉의 이러한 해석을 따른다.(『老子道德經通解』) 런쥐위[任繼愈]는 간단한 발음을 '성'이라 하고 이것들이 한데 어울려 이루는 음악의 리듬을 '음'이라 하고 있

---

6 『道德眞經註』권1: 相和謂一倡一和.
7 『道德經註』卷上: 凡響皆謂之聲, 聲出而相應者謂之音, 有聲而後有音.

다.(『老子繹讀』) 왕리[王力]는 '음'은 단음(單音), '성'은 이 음들이 어울려서 이루어 내는 하모니라 한다.(『古代漢語』第二冊) 쩐양즈[震陽子]는 '음'과 '성'을 큰 소리와 가는 소리로 구분하고 있다.(『道德經註解』) 처나이량[車乃亮]은 '성'을 단성(單聲)이라 하면서 이 '성'들을 합한 것으로써 운율과 리듬이 있는 것을 '음'이라 한다.(『證悟道經』) 이 외에도 많다. 그러나 줄이기로 한다. 다만 이를 통해 '음'과 '성'에 대한 풀이가 간단치 않음을 알 수가 있다.

제3장

—

不尙賢, 使民不爭; 不貴難得之貨, 使民不爲盜; 不見可欲,
使民心不亂. 是以聖人之治, 虛其心, 實其腹, 弱其志, 强
其骨. 常使民無知無欲. 使夫智者不敢爲也. 爲無爲, 則無
不治.

　뛰어난 사람을 높이치지 마라, 그러면 백성들은 싸움
에 빠져들지 않을 것이다. 얻기 어려운 재화를 귀하게
여기지 마라, 그러면 백성들은 도적질하지 않을 것이
다. 사람들 욕심 자극하는 것을 남에게 보여주지 마라,
그러면 백성들의 마음은 혼란스럽지 않을 것이다.

　그래서 성인들께서 사람 세상을 이끄시는 데서는 그

마음을 비우고 그 배는 채우며, 그 지향함을 누그러뜨리고 그 뼈대를 강하게 한다. 그래서 늘 백성들에게 아는 것도 없게 하고 욕심도 없게 한다.

많이 아는 이가 감히 무엇을 하지 못하게 해야 한다. 인위적으로 무엇을 함이 없음[無爲]을 행하기에 사람 세상이 평화롭게 잘 돌아가지 않을 수 없다.

해 설

1. 여기에서 '뛰어난 사람'·'얻기 어려운 재화'·'사람들의 욕심을 자극하는 것'이라 한 것 등은 모두 '있음[有]'의 차원에 있는 것들로서, '말로 표현할 수 있는 도[可道]'·'표현될 수 있는 명[可名]'의 차원에 속한다. 따라서 유한하고 한정되는 것들이다.

유가는 이러한 '있음[有]'의 차원에서 '올바로·똑바로[正]' 행할 것을 강조한다. 특히 이 차원에서 '뛰어난' 사람[賢人]을 발탁하여 그에게 사람 세상의 운용을 맡기는 체제를 채택하였다.

그래서 유가에서는 덕행이 뛰어난 인물을 대단히 선호하며 칭송한다. 이러한 체제에서는 뛰어난 사람으로 뽑히는 것이 삶의 지상(至上) 과제 중의 하나가 된다. 그리고 유가에서 말하는 '덕(德)'이란 궁극적으로 사람 세상에서 더불어 살아가는 사람들을 잘 살게 해 주는 능력과 사람됨을 뜻한다.

이렇게만 보면 별로 문제가 없어 보인다. 그러나 이러한 유가의 방식과 체제 속에 자리 잡고 있는 문제점을 예리하게 파악하고, 이 제3장에서 이렇게 깨우침을 주고 있는 사람이 바로 노자다. 이제 이에 대해서 살펴보기로 한다.

우선 이 '뛰어남'을 확정하는 데서 객관적 엄밀성을 갖기가 대단히 어렵다. 유가에서는 이와 관련하여 여러 가지 방식을 채택하였다. 나라를 세우고 끌어가는 우두머리, 그의 혈족, 개국공신, 이들의 후예 등을 '뛰어난' 사람으로 분류하기도 하였고, 해당 인물 주변 사람들의 평판을 참고하기도 하였다. 물론 이들 중의 어떤 부류들은 문제가 있다고 보고 나중에는 폐기되기도 하였다. 시대가 흐르면서 그 객관성과 엄밀성을 확보하기 위해 과거(科擧)라는 방식을 채택하기도 하였다.

유가에는 이러한 체제를 택하고 있기에, '뛰어난' 사람으로 분류되면 사람 세상의 지배계급을 차지하게 되었다. 그들의 능력과 사람됨을 '덕'이라는 이름으로 포장하여 기리기도 하였다. 그리하여 이들이 사람 세상의 지배계급을 차지하는 것이 합법적·합리적이라 보며, 적어도 이 체제를 받아들이는 한 아무도 의심하지 않았다. 심지어 이것을 유가의 근본 덕목인 효(孝)와 결부하여 '입신양명(立身揚名)'이라는 이데올로기를 만들어 내기도 하였다.

이렇게 사람의 '뛰어남'에 의거하는 방식과 체제는 사실 오늘날에도 그대로 계승되고 있다. 이는 사람 세상을 꾸리고 더불어 살아가는 데서 이보다 더 나은 방법을 인류가 아직 찾아내지는 못한 데 원인이 있다고 볼 수도 있다. 그래서 '입신양명'이라는 이데올로기는 과거 유가를 통치 시스템으로 채택하였던 동아시아 사회에서 지금껏 거의 모든 구성원의 뇌리에 자리 잡고 있다.

그런데 문제는 이러한 방식과 체제에서 필연코 경쟁을 부른다는 데 있다. 뛰어난 사람은 소수일 수밖에 없기 때문이다. 즉 소수의 엘리트를 뽑아서 그들에게 사람 세상의 경영을 맡기는 것인데, 그리고 이들에게 합법적·합리적으로 그 지위를 부여하기 위해 '뛰어남'을 내세우는 것인데, 이 '뛰어남'이라는 말속에는, 벌써 많은 사람 속에서 뽑히며, 그보다 못한 사람들을 아래에 깔고 있다는 의미가 담겨 있다.

모두가 동의하는 것으로서, 합법적·합리적이라 할 수 있는 방식으로 그 '뛰어남'을 가려내자면, 필연코 '경쟁'에 의존할 수밖에 없다. 그 결과 '뽑히는 이'와 '배제되는 이'로 갈림은 불문가지(不問可知)다. 그러므로 이 방식, 이 체제는 모순과 대립·투쟁의 씨앗을 근본적으로 안고 있다. 즉 아무리 객관적이고 합법적·합리적이라 할지라도 이 방식, 이 체제에서는 모순과 대립·투쟁이 근본적으로 발생할 수밖에 없는 것이다. 애당초 전제되어 있다고 할 수 있다.

'뛰어남'을 가려낼 객관적 지표로서는 '아는 것'이 가장 알맞다. 그래서 옛날부터 '뛰어남'을 가려내기 위한 수단으로 채택하고 있는 고시(考試), 즉 시험에서는 참여자들이 모두 '아는 것'을 놓고 겨룬다. 이에 점수를 매기고 등급을 매기며 이른바 '뛰어난 이'를 가려내려고 한다. 그런데 여기에는 이를 '지향'하는 이들의 '욕심'이 덕지덕지 얽혀 있다.

지금 이러한 현상이 특히 한국 사회에서 고질병을 낳고 있다. 거의 모든 구성원이 '아는 것'을 놓고 겨루는 '경쟁'에서 뽑히기 위해, 그래서 '뛰어남'이라는 미명(美名)을 확보하기 위해, 거의 요람에서부터 죽을 때까지 자신들의 삶을 함몰해 가며 여기에 매달리고 있는 것이다. 심지어는 '사교육'이라는 변태적·병리적 방식을 동원해 가면서까지, 삶과 돈과 건강을 '경쟁'과 '뛰어남'이라는 것 속에 다 집어넣고 있다. 말하자면 한국인들은 좋은 학교를 가기 위해서, 좋은 직업을 갖기 위해서, 더 높은 지위에 오르기 위해서, 은퇴한 뒤에 더욱 좋은 복락을 누리기 위해서, 거의 모든 구성원이 전 평생에 걸쳐 '아는 것'을 놓고 경쟁을 벌인다는 것이다.

그러나 현실은 통계적으로 보나, 확률적으로 보나, 이 방식, 이 체제에서는 '뽑히는 이'와 '배제되는 이'로 갈릴 수밖에 없고, '배제되는 이'가 훨씬 많아야만 하기에, 이 소용돌이에서는 실패할 가능성과 확률이 그만큼 높고 크다. 그런데도 한국인들은 이를 아랑곳하지 않고 여기에 매달리고 있다. 아니 그럴 수밖에 없다. '배제되는 이'로 분류되지 않기 위해서다. '뛰어난 이'로 뽑힌 사람과 '배제된 이'의 삶이 질적으로 얼마나 차이가 나는지를 거의 모두가 알기 때문이다. '배제된 이'

로서, 즉 이 방식, 이 체제의 루저(loser)로서 살아가는 것이 얼마나 각박하며 견딜 수 없는 것인지를 잘 알기 때문이다. 한국인들은 자신이 그 나락에 빠진다면 얼마나 고통스럽고 견디기 힘들다는 것을 거의 본능적으로 감지하고서, 이를 피하기 위해 이렇게 몸부림을 치는 것이다. 이것이 사회 전체적으로는 병리적 현상으로 자리 잡고 있다.

이에 부수하여 한국인들의 행복 지수는 눈에 띄게 낮아지고, 이에 반비례하여 자살률은 현격하게 높아지고 있다. 이는 이미 통계를 통해 분명하게 확인되고 있는 실제 상황이다. 한국인들이 삶의 질을 확보하기 위해 자기의 모든 것을 다 쏟아넣지만, 오히려 결과는 역설적이게도 이와는 정반대로 가고 있는 비극적 현상을 낳고 있는 것이다. '경쟁'으로 '뛰어난' 이를 뽑는 장(場)에서는 이러한 결과를 낳기 십상이다.

이러한 현상은 전 세계적으로도 한국이 유별나다. 한국인들은 다른 나라에 가서 살더라도 뇌리에 각인된 이 습성을 놓아 버리지 못한다. 그리하여 이제 그 나라에까지 사교육 풍조를 번지게 하고 있다. 따라서 이를 '한국병'이라 한다고 하여도 크게 지나치지 않으리라 본다. 더구나 얼마 전에 서구에서

도입된 신자유주의는 이를 더욱 부추기고 있다. 이 사조(思潮)에 의해 이 '경쟁'의 합법성과 합리성은 더욱 견고해졌다.

노자는 이 장에서 바로 이러한 문제점을 지적하는 것이다. 유가의 방식에 기인한, 즉 사람의 생래적 불완전함을 해소한답시고 '있음[有]'의 차원에 좌표를 설정하고 거기에서 '올바름[正]'과 '뛰어남[賢]'에 의거하여 사람 세상을 운용하는 것이, 그 궁극에 가서는 얼마나 비극적인 양상을 낳게 되는지에 대해 이렇게 우리에게 깨달음을 주고 있는 것이다.

2. 노자는 이 장에서, 유가의 방식이 궁극적으로는 사람의 불완전함을 해소하는 것이 아니라 역설적이게도 비극적 상황까지 낳을 수 있다고 보고, 이를 극복하는 방안과 대안을 제시하고 있다.

여기에서 노자는 역시 자신의 해법에 대한 설득력을 높이기 위해, 사람의 불완전함을 초극한 성인(聖人)을 내세우고 있다. 그 극복 방안이란, 욕심이 자리 잡고 있는 곳으로서의 마음을 비우고 지향함을 누그러뜨리라는 것, 늘 백성들에게 아는 것도 없게 하고 욕심도 없게 하라는 것이다. 이렇게 함에서는 원천적으로 경쟁과 구분이 자리 잡을 수가 없다. '뛰어난' 이가 드러날 수가 없다. 그 대신 노자는, 사람들이 세상살이에 잘 적응하며 살아가게 하도록, 배를 채우고 뼈대를 튼튼히 할 것을 요구하고 있다.

이것은 유가의 방식과 정반대되는 것이다. 따라서 이러한 방식으로 돌리는 데서는 그 체제가 달라진다. 즉 '있음[有]'의 차원을 벗어난 '없음[無]'의 차원에서의 무위(無爲)로 환원된다. '무위'는 '인위적으로 무엇을 함이 없음'을 의미한다. '무엇을 함[爲]' 속에는 한국인들이 하고 있는 모든 것이 포함된다고 할 수 있다. 그런데 이것을 없애라는 것이기에, 이 '무위'에서는 '뛰어난' 이를 구별해 내는 것 자체가 여기에서는 원천적으로 성립되지 않는다. 그러므로 이들을 높이치고 받들며 사람 세상의 운용을 맡기는 방식과 체제가 나올 수가 없다. 노자는 '평화롭게 잘 돌아감[治]'이 궁극적으로 이러함에서 비롯된다고 하고 있다.

제4장

一

道沖, 而用之或不盈. 淵兮, 似萬物之宗, (挫其銳, 解其紛, 和其
光, 同其塵;) 湛兮, 似或存. 吾不知誰之子, 象帝之先.

도는 텅 빈 것인데, 작용하면서도 늘 가득 채우지 않
는다. 심오함이여, 만물의 마루[宗]인 듯하구나!

그윽함이여, 마치 늘 존재하는 것 같도다. 나는 그대
가 누구의 자식인지를 모르나, 아마도 하느님보다 앞선
것으로 보인다.

1. "도는 텅 빈 것인데, 작용하면서도 늘 가득 채우지 않는 다"라는 구절에 대한 해석은 역대 제가 사이에서 다양하다. 첫째, '沖(충)' 자를 '中(중)' 자로 보는 사람이 있다. 하상공(河上公)이 바로 이러한 풀이를 제시하였다. 그는, "도는 이름을 숨기고 영예를 감추는데, 그 작용이 이러한 가운데 있다"라 풀이한다.[8] 그를 제외한 다른 사람들은 거의 모두 '沖(충)' 자를 '텅 비다'는 의미에서 '虛(허)'로 풀이한다. 예컨대 왕필이 그러하다.[9] 또 이 글자의 고자(古字)가 '盅(충)'이니, '그릇이 텅 비다'는 데서 의미를 취한 것으로 보는 이들도 있다.[10] 하상공은 이를 '겸허(謙虛)'와 연결해 풀이하기도 하였다.[11] 이후 이 '沖(충)'을 '텅 비다'로 해석하는 것은 거의 정설에 가깝다. 오늘날의 학자들은 대부분 이렇게 풀이한다.[12] 따라서 여기에서는 이렇게 번역하였다.

8　河上公,『老子注』: 沖, 中也. 道, 匿名藏譽, 其用在中.

9　王弼,『老子注』: '沖而用之', 用乃不能窮滿, 以造實. 實來則溢, 故沖而用之, 又復不盈, 其爲無窮, 亦已極矣.

10　吳澄,『道德眞經註』/ 焦竑,『老子翼』/ 王夫之,『老子衍』.

11　河上公,『老子注』: 道, 常謙虛, 不盈滿.

12　예: 이강수 옮김,『노자』/ 陳鼓應,『老子註譯及評介』등.

둘째, '或(혹)' 자의 뜻이다. 이 '或'은 하상공의 풀이에 따라서 '늘[常]'로 번역하였다.

셋째, '不盈(불영)'의 '盈(영)' 자 또한 '겸허하여 가득 채우지 않다[道, 常謙虛, 不盈滿.]'는 풀이에 따랐다. 넘칠 정도로 가득 채우지 않는다는 뜻이다. 어떤 이는 이 '盈(영)' 자에 대해 '다하지 않다[窮, 竭]'라는 뜻으로 풀이하기도 한다.

2. 이 제4장에서 도(道)에 대해 묘사하고 있는 것을 보면, 노자가 제1장에서 천명(闡明)한 원칙에 얼마나 충실한지를 알 수 있다. 그곳에서 노자는, '말로 표현할 수 있는 도[可道]'는 한결같은 도[常道]가 아니라고 하였다. 이 '말로 표현할 수 있는' 차원에서 서술이 가능한 것은 '있음[有]' 차원의 것들이다. 이 차원에서 운위(云謂)되는 것들은 한정된 것들로서, 국한된 것들이기 때문이다. 이 차원에서는 '올바름·똑바로 함[正]'이 의의가 있다. 그래서 이 '있음'의 차원에서는 진술들의 맞고 틀림, 옳고 그름을 따질 수 있는 것이다.

도(道)는 이러한 '있음'의 차원에 한정되는 것이 아니다. 이를 초월한 곳에 있다. 즉 '있음'의 차원에서 획득한 인식, 이로 말미암아 형성한 개념이나 말을 넘어서 있는 것이다. 그러므로 앞에서는 나는, 도에 대한 묘사와 서술은 부정적인 언급(negative utterance, negative description)이나 유보, 유추하는 정도에 그칠 수밖에 없다고 하였다. 또는 은유에 의할 수밖에 없다. 노자는 이 제4장에서 이 원칙에 맞게 도에 대해 묘사하고 있다. '沖[텅 비다]', '不盈[꽉 채우지 않다]', '淵(연)', '似(사)', '湛(담)', '不知(부지)', '誰(수)', '象(상)' 등의 글자에서 우리는 이를 잘 확인할 수 있다.

이러한 점에 대해서 송대의 소철(蘇轍)은 정확하게 인식하고 있었다. 그는 노자의 이 장을 다음과 같이 풀이하고 있다.

도는 텅 비어 지극한 없음[至無]일 따름이다. 그런데도 이러함으로써 뭇 '있음[有]'들을 각기 그것들에 딱딱 들어맞게 하나니, 비록 하늘·땅과 같이 큰 것이나 산·강과 같이 광활한 것들에도 이 아무런 형체도 없음[無形]으로써 두루두루 미치지 않음이 없다. 그러므로 마치 가득 채우지 않은 것처럼 보인다. 심오하고도 오묘하건만, 나는 그것이 만물의 마루[宗]임을 안다. 다만 감히 '정(正)'의 논리로는 말할 수 없기에, '만물의 마루인 듯하다'라고 말한 것이다.[13]

소철의 이 말을 다음과 같이 분석해 볼 수 있다. 즉, 만약

에 도가 텅 비어 '지극한 없음[至無]'·'아무런 형체도 없음[無形]'
이 아니라면, 다시 말해서 어떤 것으로서든 '형체를 지닌 것
[有形]'이라면, 도는 그것 이외에 다른 것일 수가 없고, 다른 것
들을 주재할 수도 없다. 그리고 '정[正]'의 논리로 딱 떨어지
는 것이라면, 보편의 존재가 될 수 없다. 그러나 도는 그러하
지 않기 때문에 만물의 주재자로서 마루[宗]가 될 수 있되, 다
만 이것도 유보적으로 묘사할 수밖에 없다는 것이다. 그래
서 '似(사)' 자를 써서 묘사하는 것이다. 이에 대해서는 조선의
박세당(朴世堂, 1629~1703)도 비슷한 이해를 드러내고 있다. '似
(사)'·'或(혹)'·'象(상)' 등의 글자가 판단과 단언을 유보한다고
보고 있는 것이 그것이다.

   3. (挫其銳, 解其紛, 和其光, 同其塵;): 이 부분은 뒤의 제56장
에도 나온다. 앞뒤 문맥으로 볼 때, 이 제4장에 두는 것은 착
간(錯簡)으로 보인다. 따라서 제56장에서 번역하기로 하고, 여
기에서는 생략하기로 한다. 그래서 (   )로 묶어 두었다.

---

13 蘇轍, 『老子解』: 夫道沖然至無耳. 然以之適衆有, 雖天地之大, 山河之廣, 無所不遍, 以
     其無形, 故似不盈者. 淵兮深眇, 吾知其爲萬物宗也. 而不敢正言之, 故曰'似萬物之宗'.

제5장

—

天地不仁, 以萬物爲芻狗; 聖人不仁, 以百姓爲芻狗. 天地之間, 其猶槖籥乎! 虛而不屈, 動而愈出. 多言數窮, 不如守中.

하늘과 땅은 어질지 않아서 만물을 풀로 엮은 강아지처럼 여긴다. 성인도 어질지 않아서 백성들을 풀로 엮은 강아지처럼 여긴다.

하늘과 땅 사이는 마치 풀무와도 같도다! 텅 비었지만 다함이 없어서 움직일수록 더욱 나온다.

말을 많이 하면 자주 궁색해지니, 중(中)을 지키는 것만 못하다.

1. 하늘과 땅은 만물들의 저절로 그러함에 내맡길 뿐 그들을 위해서 무엇을 해 주지도 만들어 주지도 않는다. 예컨대 초식동물을 위해서 풀을 만들어 낸다거나 사람들에게 곡식이나 고기를 제공하기 위해 곡식과 짐승들을 만들어 주는 것이 아니다. 그저 풀과 곡식 및 짐승들을 존재하게 한 것이지만, 초식동물은 있는 풀을 먹고 사람들은 곡식과 고기를 먹어서 생명을 유지해 간다는 것이다. 즉 자연 상태 그대로에서 만물은 스스로 알아서 살아갈 뿐이다. 그러면서도 자연계는 이 '저절로 그러함自然'에 의해 조화를 이루며 유지가 된다고 노자는 본 것이다.

이를 적시해 주는 것이 바로 '풀로 엮은 강아지'라는 말이다. 이 '풀로 엮은 강아지'는, 옛날 제사 때 제사상 위에 실물 대신 그 실물을 상징하는 것으로써 올리는 것이다. 예컨대 개고기를 올려야 하는데, 가난하여서 그 개고기를 올릴 수 없는 경우, 이 '풀로 엮은 강아지'를 올려서 대신하는 것이다. 그러므로 이 '풀로 엮은 강아지'는 제사 당시에는 귀한 물건으로 여겨질 수 있으나, 제사가 끝난 뒤에는 아무런 쓸모가 없는 것이 되고 만다. 아무도 거들떠 보지 않는 물건으로 전락하고 마는 것이다. 노자는, 천지와 성인이 만물과 백성을 이렇게 대한다고 하고 있다. 이는 유가에서 천지와 성인이 '어짊[仁]'으로써 만물과 백성을 대한다고 함을 정면으로 배척하는 것이다. 천지와 성인은 이러한 감정 따위로 만물과 백성을 대하는 것이 아니라, '풀로 엮은 강아지'처럼 '소 닭 보듯이' 여긴다는 것이다. 모두를 '저절로 그러함'에 내맡길 따름이라는 것이다.

어짊[仁]이란 유가에서 사람 세상을 꾸려 원활하게 돌아가도록 하기 위한 덕목으로서 주창하는 것이다. 유가에서는 사람의 불완전함을 극복하기 위한 전략으로서 이렇게 사람 세상을 꾸려서 함께 살아감을 택했고, 이렇게 함으로써 권력에서 소외된 기층 민중인 민(民)들의 삶의 지평 또한 확보된다고 보았다. 어짊[仁]이 유가의 핵심 덕목으로 평가받는 가치와 정당함이 바로 여기에 있다.

그러나 어짊[仁]은 어디까지나 사람들에 의해 만들어진 것이며, 하늘·땅이 만들어 내는 '저절로 그러함'과는 거리가 멀다. 노자는 이 어짊[仁]이 순기능만을 하는 것이 아니라 역기능을 발휘하는 것을 지적하며 비판하고 있다. 따라서 이러한 역설(逆說)을 주장하는 것이다.

이 장은 유가의 어짊[仁]을 지고무상(至高無上)한 덕목으로 여기는 선입관에 빠져서 읽으면 이해가 안 된다. 그리고 여기에서 말하는 '성인(聖人)'도 유가에서 말하는 성인이 아니라, 도가에서 말하는 성인이다. 즉 노자가 강조하는 도가의 원리와 덕목에 충실한 전형(典型)의 인물이다.

2. 여기에서 강조하는 또 하나의 중요한 것은 '빔[虛]'의 역설이다. 1차적인 생각에 의하면 이 '빔'에 의해서는 아무것도 만들어질 수 없다고 할 것이다. 비어 있다는 것은 아무것도 없다는 것과 동일한 의미이기 때문이다. 그래서 이 '빔'은 '없음[無]'과 논리가 상통한다.

'없음'과 반대되는 '있음[有]'은 근본적으로 유한한 것이다. 그리고 인간의 인식 기관인 오관(五官)에 드러난다. 그래서 '있음'인 것이다. 그리고 이것은 인간에게 '빔[虛]'의 반대인 '참[充]'으로서 다가온다. 무엇인가 있는 그것이 인간의 오관에는 차 있는 것으로서 비치기 때문이다. 그런데 이 '있음'·'참'의 차원에 있는 것들은 유한하다. 그래서 다함이 있을 수밖에 없다.

  '참'·'있음'의 차원에 있는 것들은 우리의 인식을 통해 우리에게 들어와서 개념을 이루며 말을 통해 나온다. 그래서 말과 이 '있음'·'참'은 동일한 차원에 있는 것들이다. 그런데 이들은 유한하기에, 이들과 동일한 차원에 있는 말은 아무리 많이 한다고 하더라도[多言] 궁색할 수밖에 없다. 이에 비해 무한 차원에 있는 절대자는 우리의 오관에 의해 파악되지 않는다. 오관에 들어오지 않기 때문이다. 그래서 인간의 차원에는 이것이 '빔'으로, '없음'으로서 다가온다.

  이 세상의 모든 것들을 만들어 내는 궁극의 원인자는 이러한 존재에게로 귀결된다. 왜냐하면 '있음'·'참'의 차원에 있는 존재들로서는 유한한 존재라서 이 세상에 무수하게 존재하는 것들을 다 만들어 낼 수 없기 때문이다. 즉 사람은 사람만 만들어 내고, 개는 개만 만들어 내며, 돼지는 돼지만 만들어 낸다. 콩 심은 데 콩 나고, 팥 심은 데 팥 나는 것이다. 그런데 인간의 오관에 '빔'과 '없음'으로 다가오는 저 절대자는 이 세상의 무한한 것들을 다 만들어 낼 수 있다. 그래서 다함이 없이 이 세상 모든 것들을 만들어 낼 수 있는 이 절대적 존재는, 인간의 차원에서 볼 적에 '빔'의 차원에 있는 존재여야 한다. 이 장에서는 이것이 하늘·땅과 성인(聖人)들의 차원과 같다고 놓고 이렇게 말하는 것이다.

제6장

一

谷神不死, 是謂玄牝. 玄牝之門, 是謂天地根. 綿綿若存, 用之不勤.

골짜기 신은 죽지 않는다. 이를 '현묘한 암컷'이라 한다. 이 현묘한 암컷의 문을 이 세계의 근원이라 한다. 끊이지 않고 이어지며 존속하는데, 아무리 작용하더라도 힘들어하지 않는다.

해 설

1. 골짜기는 움푹 파인 지형을 일컫는다. 말하자면 요(凹)

자 형의 지형이다. 이와 반대되는 것은 우뚝 솟은 지형이다. 즉 철(凸) 자 형의 지형이다. 산은 이 두 지형의 조합으로 이루어져 있다. 그런데 노자는 움푹 파인 이 요(凹) 자 형의 지형, 즉 골짜기의 움푹 파임을 '없음[無]'의 상징으로 보고, 이를 신성화하여 '골짜기 신[谷神]'이라 한 것이다. 이 골짜기는 비우고 있으므로 '자기'라 할 것이 없다. 노자는 이를 '없음[無]'의 차원에 있는 존재에 은유하는 것이다. 따라서 골짜기에는 유한한 존재에게나 있는 생겨남과 죽음을 말할 수 없다. 그리고 이것은 암컷과도 통한다. 암컷의 생식기 또한 요(凹) 자 형이기 때문이다. 노자는 이를 '현묘한 암컷'으로 연결하고 있다.

'현묘함'이란 인간의 오관에 의한 인식을 넘어선 차원에 있는 것을 묘사할 때 쓰는 말이다. 따라서 '있음[有]'의 차원에 있는 것들을 표현하는 인간의 어떠한 개념으로도 이 '현묘함'은 설명할 수가 없다. 인간에게는 정확하게 인식할 수 없고, 그래서 표현할 수도, 말할 수도 없는 부정적인 측면에서만 다가오는 것이다. 노자는 이러함을 결합하여 '현묘한 암컷'이라 한 것이다. 그러므로 이것들을 관통하는 논리도 바로 '없음[無]'임을 알 수 있다.

2. 이 골짜기(凹)는 음·양으로 보면 음(陰)이라 할 수 있다. 이에 비해 우뚝 솟은 산봉우리(凸)는 양(陽)이다. 이 음은 여기에서 '암컷[牝]'이라 한 것과 통한다. 이 골짜기를 인간의 오관 차원을 넘어서 있다는 차원의 존재로 은유하여 '현묘한 암컷'이라 하는데, 나중에 도가에서는 이를 '순수한 음[純陰]'이라 지칭하며 세계의 근원으로 삼는다. 여기에서 우리는 노자가 음을 이 세계의 궁극적 근원으로 보는 면을 확인할 수 있다.

3. 이러한 관점에서 노자는 여성주의자라 할 수 있다. 노자를 여성주의자라 할 수 있는 면은 사실 이 『도덕경』 곳곳에서 심심치 않게 드러나고 있다. 이 또한 남성주의를 골간으로 하는 유가와 대립하는 면을 이룬다고 할 수 있다. 유가는 '있음'과 드러남, 그리고 사람 세상을 꾸리고 이끌어 가기 위해서는 남성적인 힘을 골간으로 할 수밖에 없다. 따라서 유가는 양(陽)의 원리를 띠고 있다고 할 수 있다. 그런데 음(陰)의 원리를 띠고 있는 노자의 이러한 주장은 유가와 대립각을 이루는 것이다.

4. 이 음의 논리는 자기를 내세우지 않는, 즉 자기중심적으로 행하지 않는 '불자(不自)~'의 논리와도 직결된다. 자기를

내세우지 않는다는 것은, 자기를 비우고 드러내지 않음을 의미하기 때문이다. 이렇게 하면 불완전한 존재들끼리 빚는 대립, 투쟁, 반목, 질시와 같은 문제 현상이 일어날 수가 없다. 이러한 점에서 이 음의 논리, '불자~'의 논리는 노자가 인류에게 준 지성의 빛이라 할 수 있다. 불완전한 존재들끼리 얽혀서 이루는 문제 양상의 궁극적 해결이 이 논리에 의해서 가능할 수 있기 때문이다. 이는 "오른뺨을 때리면 왼뺨도 갖다 대라!"(『마태복음』 제5장 39절)라고 했던 말과도 일맥상통하는 것이라 할 수 있다.

제7장

—

天長地久. 天地所以能長且久者, 以其不自生, 故能長生. 是
以聖人後其身而身先, 外其身而身存. 非以其無私邪! 故能成
其私.

　하늘과 땅은 오래오래 존속한다. 하늘과 땅이 이렇게
오래오래 존속할 수 있는 까닭은 이들이 자기들을 위
해서 작동하지 않기 때문이다. 그래서 오래오래 존속
할 수 있는 것이다.

　이러한 이치를 알기 때문에 성인은 자신을 뒤로 돌리
는데 그래서 오히려 자신이 앞서게 되고, 자신을 도외
시하는데 그래서 오히려 자신을 보존하게 된다.

이는 사사로움이 없기 때문이 아니겠는가! 그러므로 오히려 그 사사로움을 이룰 수 있는 것이다.

해 설

1. 여기에서도 노자는 '불자(不自)~'의 논리를 강조하고 있다. 하늘과 땅이 오래오래 존속할 수 있는 까닭은, 이들이 자기를 드러내며 자기중심적으로 나대지 않기 때문이라는 것이다. 즉 자기 자신들을 위해서, 자신들의 존속을 위해서 작동하지 않기 때문에, 거꾸로 오래오래 존속할 수 있다는 것이다. 여기에서 말하는 '장(長)'·'구(久)'는 시간의 한계를 뛰어넘는 것을 의미한다. 이러한 점에서 이 '불자~'의 논리는 역설(逆說)로 연결된다.

2. 이 '불자~'의 논리는 얼핏 유가의 '극기(克己)'와 비슷해보이기도 한다. '극기'도 자신을 억누르라는 것이기 때문이다. 그러나 이 '극기'는 '수기(修己)'와 통하는 말이다. 이는 '불자~'처럼 자신을 완전히 없애라는 것이 아니다. '나'를 지칭하는

'기(己)'를 억누르라는 것인데, 구체적으로는 이 '기'의 성향인 욕구를 조절함으로써 남들과의 공존이 가능한 상태를 이루라는 것이다. 즉 자신을 '있음(有]'의 차원에서 품격 높은 존재로 가다듬으라는 의미다.

따라서 이 '극기'·'수기'의 논리는 부정의 논리를 바탕으로 하면서도, 우리 각자를 긍정 차원에서 최상승의 존재로 가꾸라 함을 의미한다. 이렇게 보면, '극기'·'수기'는 근본적으로 '있음(有]'의 논리, 긍정의 논리에 바탕을 두고 있음을 알 수 있다.

그러나 노자의 '불자~'는 자기의 부정을 함의한다. 아예 자기를 '무화(無化)'하라는 것이다. 이렇게 함으로써 초월이 가능하다는 것이다. 따라서 노자의 '불자~' 논리는 유가의 '극기', '수기'의 논리와 비슷하면서도 구별된다고 할 수 있다.

3. 여기에서 드러나고 있는 역설(逆說)의 논리를 좀 더 짚어보고 싶다. 즉 자신을 뒤로 돌리고[後其身] 자신을 고려 밖에 놓음[外其身]으로써 오히려 자신이 앞서고 보존된다는 노자의 가르침이다. 그래서 자기만을 위해서 작동하는 나[私]를 완전히 없앰[無私]으로써 오히려 자신의 사사로움을 이룬다는 것[成其

私이다. 그러나 이렇게 해서 이룬 사사로움이란 자신의 안위를 위한 부귀(富貴)·공명(功名)이 아니라 도(道)의 차원에서 이루는 사사로움이다.

제8장

—

上善若水. 水善利萬物而不爭, 處衆人之所惡, 故幾於道. 居
善地, 心善淵, 與善仁, 言善信, 正善治, 事善能, 動善時. 夫
唯不爭, 故無尤.

　최고의 선(善)은 물과 같다. 물은 만물을 잘 이롭게 하
면서도 다투지 않고 뭇사람들이 싫어하는 곳에 거처한
다. 그러므로 도(道)에 가깝다.

　이렇듯 남들이 싫어하는 곳에 거처하고, 마음은 연못
처럼 고요하고 깊게 가지며, 주는 것을 훌륭한 인자(仁
者)처럼 하라. 아울러 말에는 훌륭한 믿음이 있게 하고,
정치를 함에서는 잘 다스려서 백성들 고루 화평하게

사는 세상을 이루어야 한다. 일을 함에서는 훌륭한 능력자처럼 하고, 행동함에서는 때에 잘 맞추어야 한다. 이렇게 하며 오직 다투지 않기 때문에 아무런 허물이 없다.

해 설

1. 여기에서 노자는 '물'을 예로 들어서 '불자(不自)~'의 논리 속에 담긴 논리를 역설하고 있다. 즉 '다투지 않는다'라는 것이나 '뭇사람들이 싫어하는 곳에 거처한다'라는 것은 '불자~'의 논리에 의할 때 가능하다. 노자는 물이 낮은 데로만 향함을 근거로 해서 이를 은유, 유추하고 있다. 보통 사람은 일반적으로 모두 높은 곳을 지향하는데, 물의 이러한 성향은 이와 명확한 대비를 이루기 때문이다. '주는 것을 훌륭한 인자(仁者)처럼 하라'고 함이 이러한 차원에서 가능하다.

사람들은 모두 자기 것을 남에게 주려 하지 않고, 설사 준다고 하더라도 그 반대급부를 바라는 것이 일반적이다. 그러나 이렇게 함에서는 불완전한 존재들끼리 얽혀서 초래하는 문제의 꼬임이 풀리지 않는다. 그래서 노자는 여기에서 '물'을 예로 들어서 사람들에게 '불자~'의 논리를 강조하는 것이다. 이렇게 함으로써 불완전한 존재들 사이에 일어나는 대립과 투쟁, 모순, 반목 등을 근본적으로 없앨 수 있다고 보기 때문이다. "이렇듯 하며 오직 다투지 않기 때문에 아무런 허물이 없다"라고 함이 이루어지기 위해서는 이 '불자~'의 논리에 의함이 필연이다. 바로 물이 이를 실현해 보인다는 것이다.

2. 인간이 본성은 선하다는 성선설을 통해 유가를 반석 위에 올려놓은 맹자도 물을 예로 들었다. 역시 물이 아래로만 내려감을 취하였다. 그런데 동일한 것을 예로 들면서도 맹자는 '있음[有]'의 차원에서 최상승의 사람됨을 가꾸라고 했다면, 노자는 '없음[無]'의 차원에서 불완전을 뛰어넘는 경지를 강조하였다. 이 점 또한 양가(兩家)가 비교되는 점이라 할 수 있다.

제9장

—

持而盈之, 不如其已. 揣而銳之, 不可長保. 金玉滿堂, 莫之
能守. 富貴而驕, 自遺其咎. 功遂身退, 天之道.

자기 것을 지키고 가득 채우려 하는데, 이러하기 보
다는 이를 그만두는 것이 훨씬 낫다. 자기의 능력을 남
들 눈에 띄게 하려고 갈고 닦아 보았자, 이것이 자기를
오래도록 보호해 주지는 못한다.

금은보화를 집안 가득 채워 놓은들 지킬 수가 없다.
자신이 부유하고 고귀하다고 하여 교만해 보았자, 이는
저절로 허물을 남기는 것일 뿐이다.

공(功)이 이루어지면 자신은 물러가는 것, 이것이 하

늘의 이치다.

1. 이 장에서 노자 철학의 구체적 적용 사례가 잘 드러난
다. 여기에서도 노자는 역설(逆說)로써 깨우침을 주고 있다. 사
람은 본능적으로, 생래적으로, 탐욕을 채우기 위해 끝없이 인
생을 허비하며 골몰한다. 그런데 노자는 우리에게, 이렇게 하
는 것보다는 그만두는 것이 낫다고 하고 있다. 그리하여 노자
는 우리에게, 삶의 의미를 다시 한번 냉엄하게 생각하도록 하
는 계기를 준다. 우리가 무엇을 위해, 무엇을 얻기 위해 일생
을 걸고 매진할 것이냐 하는 것이 그것이다. 이에 대한 답은
탐욕의 대상들이 아니라는 것이다. 그보다는 탐욕의 대상들
이 아닌 것들을 인생의 맛과 멋으로서 만끽함에서 참 인생의
맛이 우러날 수 있다는 것이다.

2. 노자가 여기에서 그 궁극의 경지로 강조하는 것을 보
자. 다름 아니라 공(功)이 이루어지면 이를 자신의 것으로 차

지하려 들지 말고 물러나라는 것이다. 탐욕 대상의 꼭짓점에 있는 것이 바로 부귀(富貴)다. 그리고 사람들은 자신에게 공이 있으면 이를 차지하는 것을 당연시하며 그 누구에게도 양보하려 들지 않는다. 그래서 자신의 공으로 말미암아 얻은 이것들을 차지하며 그 부귀(富貴)에 우쭐해하는 것이 일반적이다.

그러나 사실 이것들은 또 다른 재앙을 낳게 하는 빌미가 될 뿐임을 노자는 여기에서 깨우쳐 주고 있다. 지금까지 우리 나라에서 부귀를 가졌던 인간들 가운데 그 부귀가 초래한 재앙으로부터 자유로운 인간들이 얼마나 있는가를 따져 보면, 이 말이 갖는 무게와 깊이는 입증된다고 할 수 있다.

탐욕의 꼭짓점에 있는 것을 성취한다고 하더라도 이러할진대, 우리가 탐욕의 대상을 끊임없이 탐하며 인생을 허비할 필요가 없음은 자명하다고 할 것이다. 오히려 이를 내려놓고 산 사람들 속에서 사람의 사표(師表)를 발견할 수 있다. 노자는 이를 '하늘의 이치[天之道]'라고 함으로써, 우리에게 부인할 수 없는 무게를 던져주고 있다. 한마디로 탐욕의 대상에 있는 것들을 다 내려놓으라는 것이다.

제10장

—

載營魄抱一, 能無離乎? 專氣致柔, 能嬰兒乎? 滌除玄覽, 能無疵乎? 愛民治國, 能無爲乎? 天門開闔, 能無(爲)雌乎? 明白四達, 能無知乎? (生之畜之. 生而不有, 爲而不恃, 長而不宰, 是謂玄[元]德.)

 얼[魂]과 넋[魄]을 잘 유지한 채, 하나를 껴안으며 이로부터 유리(遊離)되지 않을 수 있겠는가. 우리 몸을 이루고 있는 기(氣)를 잘 다잡아 오직 한 곬으로 하며 부드러움을 이루어 내서, 젖먹이처럼 할 수 있겠는가. 현묘한 인식에 도달함을 방해하는 것들이란 모두 다 깨끗이 쓸어버리고 그 인식에 아무런 결함도 없게 할 수 있는가.

백성들을 사랑하고 나라를 이끌어가면서도, 인위적으로 하는 것이란 없게[無爲] 할 수 있겠는가. 천부적으로 타고난 기관들을 작동하면서 암컷처럼 할 수 있겠는가. 환히 온 세상 어디에나 다 이르면서도, 분별지에 의존함이란 없게 할 수 있는가.

해설

1. 여기에서는 노자의 '생명 아낌[重生]' 사상의 일단이 잘 드러나 있다. 생명 아낌은 수양(修養)·수련(修練)에 의하여 양생(養生)으로 연결된다. 나중에는 이것이 도교라는 종교의 형태를 이루어, 신선(神仙)이 되어 장생구시(長生久視)를 하자는 것으로까지 나아갔다. 그러나 오늘날의 관점에서 보자면, 단순히 건강을 유지하자는 것에 한정하여 볼 수도 있다.

이러한 사상은 노자에게서 비롯된 것이 아니라, 그 이전에 활약한 양주(楊朱)의 사상을 노자가 이어받은 것으로 일컬어진다. 보다 근본적으로 말하자면, 동아시아에서 이 양생에 대한 이론과 실천은 아득한 옛날부터 함께해 온 것으로 보인다. 그래서 유(儒)·도(道)·불(佛) 삼가(三家)에서는 모두 이것이 기본 사상으로 되어 있다. 다만 도교는 특별히 이를 교리로 하여 불로장생(不老長生)을 도모한 것이 두드러질 뿐이다.

2. '혼백(魂魄)'은 '혼(魂)'과 '백(魄)'을 의미한다.

3. '하나를 껴안으며[抱一]'에서의 '하나'에 대해서는 '도(道)'를 의미하는 것으로 보는 사람도 있고, 이 도가 이 세상을 만들어 내면서 맨 처음 만든 거대한 조화체로서의 '정기(精氣)'라 하는 사람도 있다. 이것을 껴안고 있다는 것은 우리의 혼백이 도에 합치되는 방식으로 작동하거나 조화를 이룬 채 운용하고 있음을 의미한다. 이로부터 유리(遊離)되지 않는다는 것은 이러한 방식으로 살아감을 의미한다.

이것이 구체적으로 무엇을 의미하는지는 쉽게 말하기 어렵다. 왜냐하면 이것이 사람의 불완전함을 뛰어넘는 차원과 관련되어 있기 때문이다. 즉 사람의 인식능력 밖에 있기 때문이다. 이러하다 보니, 지금 속세에서는 이에 관한 온갖 사설(邪說)과 요설(妖說)이 횡행하고 있다. 즉 이에 관한 언설들에 대해서는 근본적으로 징험 자체가 아예 불가능하기에, 누구든

이에 대해 제멋대로 말하면서도 자기 말을 정당하다고 강변하고, 나아가 혹세무민(惑世誣民)도 마다하지 않는다.

다만 이와 관련하여, 나는 이것이 사람의 경지와 수준을 초월한 절대 존재와 합일하는 것이라는 정도로만 언급하고 넘어가고자 한다. 즉 이것은 절대자의 차원으로 자신의 삶을 끌어올리며 그와 만나는 숭고하고 성스러운 삶을 의미한다는 것이다. 따라서 여기에 자신과 자기의 가족 및 지인들만의 기복(祈福)을 관련시킨다면, 이것은 '하나를 껴안음'으로서의 이러한 삶에 배치된다.

'하나를 껴안음'은 내가 그 절대자에 합일하는 것이다. 그러므로 자신의 사사로운 이익이나 탐욕을 여기에 개입시킨다면, 벌써 그것은 잘못된 것이라 할 수 있다. 자신을 차별화하고 특수화한 것이기 때문이다. 이러한 관점에서 보자면, 오늘날 절대자를 자기의 이익이나 탐욕 속으로 끌어들이며 그 해결을 꾀하는 모든 종교의 요설들은 다 틀린 것이라 할 수 있다.

4. 이러한 삶을 사는 데서는 우리 몸을 이루고 있는 기(氣)를 부드럽게 하는 것이 절대적으로 필요하다고 한다. '젖먹이

[嬰兒]'의 몸은 부드러움 그 자체다. 그리고 이 젖먹이에게는 탐욕과 사사로움에 의한 차별화, 즉 도(道)에서 벗어남이 없다. 말하자면 탐욕과 사사로움에 의해 자신의 혼백을 흔들어 댐이 없는 것이다.

그러므로 노자는 이 책 곳곳에서 '하나를 껴안음'으로써 살아가는 인간의 전형을 이 '젖먹이'로 유비하고는 한다. 여기에서는 우리가 젖먹이처럼 탐욕과 사사로움으로부터 자유로운 채 우리 몸의 기(氣)를 부드럽게 유지하며 혼백을 '하나'에 합치할 수 있는가, 이것이 핵심이다.

5. 우리는 모두 인식에서 편견(偏見)과 선입관(先入觀)으로부터 자유로울 수가 없다. 왜냐하면 근본적으로 우리 인간은 그 존재 자체가 불완전한데, 이 불완전함에 입각하여 인간의 오관(五官)이 인식을 이루고, 이로 말미암아 개념을 형성하기 때문이다. 그러므로 인간의 인식은 그 자체가 벌써 편견과 선입관을 이룰 수밖에 없다. 즉 '결함[疵]'이 있는 인식인 것이다. 그리고 이것들은 '현묘한 인식[玄覽]'에 도달함을 방해하는 것들이다. 그런데도 인간은 인식함에서 생래적인 것에 머물며 집착하는 것이 일반적이다. 그 결과 인간으로서는 대부분 절대

자의 전 방위적인 인식, 즉 현람(玄覽)을 절대로 이룰 수가 없게 된다.

여기에서 우리는 다시 '인식하되 인식하지 못하는' 이중성과 아이러니를 말하지 않을 수 없다. 즉 우리는 우리의 인식기관에 의해 분명히 인식한 것이기 때문에, 그 인식은 절대적으로 옳다고 하며 그것에 집착하고 고집하게 되는데, 이것이 도의 관점에서 이루어지는 인식[玄覽]을 방해하여 이룰 수 없게 한다는 것이다. 그러므로 노자는 여기에서 이러한 것들을 모두 다 깨끗이 쓸어버리라[滌除]고 하는 것이다.

그러나 우리 인간들은 대부분 그 편견과 선입관을 깨끗이 쓸어버리지 못하고 집착하며 고집한다. 그래서 장자는 보통 사람의 경우에는 시비 분란이 일어날 수밖에 없다고 한다. 나아가 이러한 문제점을 해결하기 위해서는, 편견과 선입관을 초월한 도의 관점에서 인식할 것을 강조한다. 노자가 여기에서 말하고 있는 것도 바로 이것이다. 지금 대한민국 사회에서 일어나고 있는 진영 논리와 이로 말미암은 갈등 상황을 보면, 노자와 장자의 이러한 가르침에 새삼 혜안이 담겨 있다고 할 수 있다.

6. 분별지(分別智)는 우리의 오관에 의한 인식에 의해 얻어진다. 따라서 근본적으로 이것은 한계를 지닌 것일 수밖에 없다. 이러함에도 불구하고 한 나라를 책임진 사람이 자신의 분별지에만 의거하며 집착한다면, 결국 시행착오를 범하고 말 것이다. 그러나 백성들을 사랑한다면 이러한 자세를 취해서는 안 된다는 것이 이곳에서 노자의 가르침이다.

그리고 노자가 여기에서 제시하는 방식이란 '암컷처럼 함[爲雌]'이다. 이는 앞에서 말한 '골짜기 신[谷神]', '현묘한 암사슴[玄牝]' 등과 일맥상통하는 것이다. 이는 또한 음(陰)을 이 세계의 근원으로 보는 것과도 통한다. 이들은 무한량의 포용을 상징한다. 이에 비해 양(陽)은 그 속성상 특정한 무엇을 지칭한다. 이러한 양의 논리를 따르면 특수의 논리에 치우칠 수밖에 없다. 그러므로 노자는 양이 아니라 음의 원리를 취하라 했던 것이며, 바로 이 지점에서 유가와 구별된다.

7. 환히 온 세상에 다 이르기 위해서는 특정 행위에만 집착하지 않음, 즉 무위(無爲)해야 한다고 함에도 동일한 논리가 담겨 있다. 특정 행위, 즉 '유위(有爲)'는 배제·배타의 논리를 띠고 있다. 왜냐하면 특정 행위는 그것 아닌 것들은 포함

할 수 없기 때문이다. 따라서 도(道)의 작동 방식은 유위가 아니라 무위다. 노자는 도가 이러하기에 늘 하지 못하는 것이란 없다고 한다.[道常無爲而無不爲] 이렇게 보면 노자의 무위를 '아무것도 하지 않음', 즉 방종이나 나태와 같은 것으로 풀이해서는 안 됨을 알 수 있을 것이다. 특정 행위만 함으로써 다른 것을 배제함이 없는, 그래서 모든 것을 다하며 아우르는 무한량의 포괄로 보아야 하는 것이다. 그래서 노자는 여기에서 환히 온 세상에 다 이르기 위해서는 무위해야 한다고 하고 있는 것이다.

8. (生之畜之. 生而不有, 爲而不恃, 長而不宰, 是謂玄[元]德): 이 구절은 제51장에서 중첩되어 나타나므로 거기에서 풀이하기로 하고 여기에서는 생략한다. 그래서 여기에서는 (   )로 처리하였다.

제11장

一

三十輻, 共一轂, 當其無, 有車之用. 埏埴以爲器, 當其無, 有器之用. 鑿戶牖以爲室, 當其無, 有室之用. 故有之以爲利, 無之以爲用.

수레바퀴의 서른 개 바큇살은 하나의 바퀴통을 공유하는데, 바퀴통의 텅 비어 없음에 바로 수레의 쓰임새가 있다.

찰흙을 이겨서 그릇을 만드는데, 그릇의 가운데가 텅 비어 없음에 바로 그릇의 쓰임새가 있다.

출입구와 벽 창문을 뚫어서 방을 만드는데, 방의 가운데가 텅 비어 없음에 바로 방의 쓰임새가 있다.

그러므로 '있음[有]'이 이로움을 이루게 되는 것은, 바로 '없음[無]'이 거기에서 쓰이고 있기 때문이다.

1. 이 장에서 노자는 '없음[無]'이 '있음[有]'의 쓰임새가 됨을, 바퀴통·그릇·방 등을 예로 들어서 설명하고 있다. 만약에 이것들의 가운데가 텅 비어서 아무것도 없는 것이 아니라, 무엇인가로 채워져 있다면, 그것은 쓰일 수 없다. 즉 방이 이미 무엇인가로 채워져 있다면, 그 방을 우리는 쓸 수가 없는 것이다. 그릇도 그 속이 무엇인가로 채워져 있다면 그 그릇은 쓸 수가 없으며, 수레바퀴의 바퀴통도 무엇인가로 채워져 있다면 바퀴통으로 쓸 수가 없다. 이것들을 쓰려면 그 속에 있는 것들을 비워서 없애야 한다.

여기에서 이것들의 존재 의의는 그 가운데가 '텅 비어서 없음'에 있음을 우리는 알 수가 있다. 즉 이것들의 가운데가 무엇인가로 채워져 있다면, 이것들은 이미 쓰이고 있어서 우리의 수요를 충당할 수가 없다. 그래서 필요가 없는 것이 된다. 여기에서 우리는 또한 '없음[無]'의 역설을 발견할 수 있다.

이것은 유가가 '있음[有]'의 차원에서 '똑바로 함[正]'과 '무엇인가를 함[有爲]'을 취하여 인간이 가진 문제 양상을 해결하고자 했던 것과 극명하게 대조를 이룬다. 노자는 유가가 본 것의 반면(反面)에 보다 근본적인 진리가 있음을 이렇게 깨우쳐 주고 있다. '똑바로 함[正]'과 '무엇인가를 함[有爲]'은 '있음[有]'의 차원에 있는 것이기 때문에 '특수(particular)'의 차원에 속하는 것이다. 그래서 이들이 대립하는 것들과 모순이나 대결·투쟁을 일으킴은 필연의 귀결이다.

예컨대 하나의 정책에 대한 반대 의견을 내세우며 대립하는 현상은 늘 있을 수밖에 없다. 그러므로 진영 논리에 입각한 논쟁은 영원히 종식될 수 없고, 궁극적으로 해결될 수가 없는 것이다. 이러한 문제점을 본 노자는 인간이 가진 문제 해소의 궁극적 가능성을 이 '있음[有]'의 차원에 두어서는 안 된다고 보고, '없음[無]'의 차원이 지닌 의의와 진리를 인간들에게 가르쳐 주는 것이다. 이를 위해 이상 세 가지 예를 들었다고 할 수 있다.

2. 우리가 살아가는 세계와 그 세계 속에 존재하는 것들은 모두 '있음[有]'의 차원과 범주에 속한다. 이에 비해 이들의 궁극적 근원과 근거에 해당하는 도(道)는 '없음[無]'의 차원에 속한다. 여기에서 '있음'과 '없음'을 가르는 기준과 근거는, 우리의 인식 기관인 '오관에 포착되느냐'이다. 그런데 우리가 살아가는 세계와 그 세계 속에 존재하는 것들은 모두 우리의 오관에 포착이 된다. 아니 우리는 우리의 오관에 포착되어 인식된 것들만을 있다고 한다. 즉 오관에의 포착 여부가 있음을 보증하는 것이다.

이에 비해 이 세계의 궁극적 근원인 도(道)나 조물주는 우리의 오관에 의해 포착되지 않는다. 그래서 왕필은 우리의 오관에 포착되어 이 세계 내에 존재하는 것으로 인식된 것들을 바탕으로 하여 도를 유추할 수 있다고만 하였다. 그런데 우리의 개념과 언어는 이 오관에 근본적으로 의거하고 있기에, 이 도(道)나 절대자로서의 조물주에 대해서는 개념도 말도 성립할 수가 없다. 기껏 오관에 의해 인식한 것들을 바탕으로 유추, 유비만이 가능할 뿐이다.

'있음[有]'의 차원에 있는 것들은 배재(排除)와 배타(排他)를 근본으로 하고 있다. 그래서 대립과 투쟁 및 모순을 불러일으키게 되어 있다. 물론 이들 사이에 조화(調和)가 이루어져서 함께 어울림이 이루어지지 않는 것은 아니지만, 이는 이들의 생래적 욕구와 본능을 다잡을 때라야 가능한 일이다. 즉 수기(修己)나 극기(克己) 등에 의해 자기[己]가 가진 욕구와 본능을 후천적으로 조절함으로써 타자를 받아들일 때, 이 함께 어울림이 가능해지는 것이다.

노자가 이 장에서 예로 들고 있는 수레바퀴의 바퀴통·그릇·방 등이 무엇인가로 채워져 있을 때는 이것들이 결코 다른 그 어떤 것도 받아들일 수가 없음을 상기하면, 이는 쉽게 이해할 수 있을 것이다. 이들 속에 채워져 있는 것을 비워서 없애거나[無], 일부라도 비워서 없애 주어야만 다른 것을 받아들일 수 있는 것이다.

이 세계의 궁극적 근원이자 근거로 일컬어지는 도(道)에서는 이러한 '있음[有]'이 발견될 수가 없다. 우리의 오관에는 이 도가 '없음[無]'으로 다가오는 것이다. 그저 텅 비어 없는 것처럼만 보인다. 그러므로 이 도는 다른 것들과 모순을 일으킬 수도 없고, 대립과 투쟁을 불러일으키지도 않는다. 이것이 '없음'이기에 그저 다른 것들을 포용할 뿐이다. 그래서 도(道)의 절대적 '없음[無]'은 이 세상 존재하는 모든 것들을 무한량으로 포용하며, 그 근거·근원의 역할을 할 수 있다. 노자는 이를 이 장에서 수레바퀴의 바퀴통·그릇·방 등의 '텅 비어 아무것도 없음'을 예로 들어 우리를 깨우치고 있다.

만약에 도가 이렇게 '텅 빈 없음[虛無]'이지 않고, 무엇인가로 채워져 있으며, 그래서 무엇이라는 특수성을 가진 것으로서 자기 정체성을 가진 존재라면, 이 도는 더 이상 다른 것들을 포용할 수도, 포괄할 수도 없다. 그저 '있음[有]'의 차원에 있는 어떤 존재일 뿐이다. 이래서는 이 도는 이 세계 만물의 근원이 될 수가 없다.

3. 수레바퀴의 바큇살이 서른 개인 것은 한 달의 날 수가 30일인 것을 반영하고 있다고 한다. 즉 역법(曆法)의 원리를 담고 있다.

제12장

一

五色令人目盲, 五音令人耳聾, 五味令人口爽, 馳騁畋獵令人
心發狂, 難得之貨, 令人行妨. 是以聖人爲腹不爲目, 故去彼
取此.

오색(五色)은 사람의 눈을 멀게 하고, 오음(五音)은 사
람의 귀를 멀게 하며, 오미(五味)는 사람의 입맛을 버리
게 한다.

승마와 사냥을 즐기는 것은 사람의 마음을 발광케 하
고, 얻기 어려운 재화는 사람이 올바르게 행동하는 것
을 방해한다.

이러한 까닭에 성인은 배를 채우지 오관(五官)에 끌려

가지 않는다.

그러므로 오관에의 추구를 버리고 배를 채우는 일을
취한다.

1. 여기에서 노자는 우리의 오관(五官), 즉 눈·귀·코·입·
몸 등의 감각기관에 의존하며 이에 집착하는 것이 얼마나 많
은 문제점을 지니고 있는지를 지적하고 있다. 오관은 인간이
세상과 접하는 데서 맨 먼저 작동하는 것들이다. 그리고 즉각
적이고 1차원적이다. 이것들에서는 인간의 성찰 및 이성이 발
휘되지 않는다. 나아가 오관은 동물들과 공통된 것으로서, 인
간의 본능과 탐욕을 발동하게 하는 근원이기도 하다.

물론 인간이 이것들을 작동함에서 거울처럼 그대로 반응
하는 것에 그치면 문제가 없다. 노자와 장자는 이렇게 하라고
가르침을 주고 있다. 그런데 인간 대부분은 오관에 맞닿아 있
는 본능에 이끌려 탐욕을 발동하니, 바로 여기에서 문제가 발

생한다. 오관에 의해 뒷받침되는 본능과 탐욕에 함몰한 나머지 그 대상들을 끝 간 데 없이, 또 끊임없이 추구함에서, 문제 양상을 낳고 마는 것이다. 이 오관에서는 인간의 성찰과 반성, 이성이 작동하지 않으므로, 이것들에 함몰하면 걷잡을 수 없는 문제 양상을 낳게 된다.

2. 노자가 이 장에서 지적하고 있는 것은, 한류(韓流)가 지닌 문제점에도 그대로 적용된다고 할 수 있다. 사실 우리의 한류는 여기에서 열거하고 있는 오색(파랑·빨강·노랑·하양·검정), 오음[궁(宮)·상(商)·각(角)·치(徵)·우(羽)] 등과 밀접하게 관련되어 있다. 즉 보고 듣는 것과 밀접한 관련이 있는 것이다.

한류를 구성하는 것은 성형(成形) 기술과 드라마, 방탄소년단으로 대표되는 케이 팝(K-pop) 등이다. 이것들은 오색·오음과 직결되어 있다. 아울러 오미[신맛(酸)·쓴맛(苦)·매운맛(辛)·단맛(甘)·짠맛(鹹)]는 한국의 텔레비전 방송을 압도적으로 점유하고 있는 '먹방'에서, 승마와 사냥은 한국인들이 세계를 강타하고 있는 인터넷 게임 등에서 잘 드러나고 있다. 한국인들이 주도하는 이 한류는 신자본주의와 결합하여 지금 전 세계적인 흐름을 형성하고 있다. 그런데 노자는 여기에서 이것들의 문제점을 적시하며, 우리에게 그 반성을 촉구하고 있는 것이다.

지적하기에 가슴 쓰린 것이기는 하지만, 한류는 결국 사람을 피폐하게 만든다. 물론 이 세상에 나쁘기만 한 것은 없어서 이 한류를 전적으로 부정하며 비판할 수는 없을 것이다. 이것에도 긍정적인 요소가 분명히 있다. 다만 이 한류가 동물과 구별이 안 되는 원초적 감관인 오관(五官)에 똬리를 틀고 있다는 점에 문제의 심각성이 있다. 그래서 자체적으로 그 문제점을 해소할 수도 없고, 자체적으로는 반성적 성찰도 불가능하다. 그리고 본능·탐욕과 결합하여 우리를 끝없이 함몰시킬 수 있다. 이것들에 함몰하면 우리의 삶을 한없이 피폐하게 할 수 있다. 노자가 여기에서 지적하고 있는 문제점들을 그대로 드러내게 되는 것이다. 한국인들은 이 대목을 깊이 생각해 보아야 한다.

3. 여기에서 '오관에 끌려가지 않음'으로 번역한 '불위목(不爲目)'은 오관의 대상인 외물(外物)에 끌려가지 않음을 의미한다. 여기에서 '목(目: 눈)'은 오관을 대표해서 거론한 것이다. 오관에 함몰하면 외물이 자기를 부리게 되며, 극단에 이르면 우리가 외물의 노예가 되어 버리고 만다. 우리의 생명을 갉아먹

으며 궁극에는 삶을 피폐하게 하고 만다. 오관의 대상은 끝이 없는데, 도대체 우리의 삶과 능력으로서는 감당할 수 없는 그 길에서 허우적거리다 비극적으로 끝나게 한다. 그런데 오관에 끌려가지 않음[不爲目]은 이러한 오관을 내가 '나의 생명 주체'로서 잘 다스리며 외물을 그대로 반영하는 데 그치게 하고, 궁극적으로는 그 대상인 외물에 끌려가지 않음을 의미하는 것이다. 반성적 사유를 통해 오관을 다잡고 내가 내 삶의 주인공이 되게 한다는 것이다.

4. '배를 채움[爲腹]'은 자기를 기르며 내가 내 삶의 주인이 되게 하는 것으로서의 수련(修練)을 의미한다. '양생(養生)'을 대표하는 것이다. 동아시아에서는 전통적으로 이와 관련한 방법들을 많이 계발해 왔다. 이를 위해서는 삶을 간소·단순·청정하게 함이 필수적이다. 이는 오관에 함몰하지 않음을 의미하며, 이것들을 자기가 주체가 되어 잘 제어함을 의미한다. 그러므로 이는 무지무욕(無知無欲)으로 연결된다. 오관에 함몰하지 않으니 이것들에 의해 형성된 분별지(分別智)에 절대적으로 의존하지 않으며, 이것들에 똬리를 틀고 있는 욕구를 내지 않는 것이다. 여기에서 한류(韓流)가 발붙일 여지는 사라진

다. 수련의 차원에서는 오장(五臟)의 기능을 원활히 하는 것을 의미하는데, 이는 우리의 건강한 삶과 직결되는 것이라 할 수 있다.

제13장

一

寵辱若驚, 貴大患若身. 何謂寵辱若驚? 寵爲下, 得之若驚,
失之若驚, 是謂寵辱若驚. 何謂貴大患若身? 吾所以有大患
者, 爲吾有身, 及吾無身, 吾有何患! 故貴以身爲天下, 若可
寄天下; 愛以身爲天下, 若可託天下.

　총애를 받든 치욕을 당하든 다 깜짝 놀랄 것으로 여
겨라! 커다란 환난을 내 몸과도 같이 귀하게 여겨라.
　'총애를 받든 굴욕을 당하든 다 깜짝 놀랄 것으로 여
겨라!'라고 함은, 무엇을 말하는 것이겠는가. 다름 아니
라 총애란 궁극적으로는 시답지 않은 것이니, 얻더라
도 깜짝 놀랄 것으로 여길 것이요, 잃더라도 깜짝 놀랄

것으로 여기라는 말이다. 이것이 바로 '총애를 받든 굴욕을 당하든 다 깜짝 놀랄 것으로 여겨라!'라는 말의 의미다.

그렇다면 또 '커다란 환난을 내 몸과도 같이 귀하게 여겨라!'라고 함은 무엇을 말하는 것이겠는가. 이는, 나에게 커다란 환난이 있는 까닭은 나에게 몸이 있기 때문이리니, 나에게 몸이 없을진대 무슨 환난이 있겠는가 하는 말이다.

그러므로 내 몸을 온 세상과도 같게 귀히 여겨야 하노니, 마치 이 세상을 의탁할 수 있는 것처럼 해야 하는 것이다. 또한 내 몸을 온 세상과도 같이 아껴야 하노니, 마치 이 세상을 맡길 수 있는 것처럼 해야 하는 것이다.

해 설

1. 이 장은 한국 정치사의 어두운 면을 회상하며 반성케 한다. 총애는 반드시 치욕을 부르고, 영화는 반드시 환난을

부른다. 이것은 한국 정치사에서 부패한 정권에 협력하던 이들이 직접 몸으로 보여 준 사실이다. 이들은 한때 부정하고 부패한 권력에 빌붙어 그 권력자들의 집권을 쉽게 하며 총애받고 영화를 누리기도 하였지만, 세상이 바뀌고서 줄줄이 구속되는 치욕을 당하였다. 권력자로부터 받은 총애가 결국 자신의 치욕을 부르고, 총애받으며 누렸던 영화가 환난을 부른 것이다. 그러므로 이 구절을 풀이하면서 왕필은, 아랫사람으로서 총애를 얻든 치욕을 얻든, 영화를 얻든 환난을 얻든, 이것들에 놀라며 경계한다면 세상을 어지럽히는 일일랑은 없을 것이라고 경계한다.

총애와 치욕은 서로 다른 것이 아니다. 치욕은 총애에서 생긴다. 그런데도 세상 사람들은 이를 깨닫지 못하고서 총애를 높이 치며 이것이 영원하리라 본다. 그러나 그 치욕은 사실 그 총애에서 생기는 것이다. 그러므로 애초에 이 총애를 취하지 않았더라면 그 치욕도 받을 일이 없었을 것이다. 이러한 사실을 고려할 때, 총애를 높이 치며 이를 향해 나아갈 것이 아니라, 총애를 낮은 것으로 여기며 총애받는 자리에 자기를 놓아서는 안 될 것이다. 이러한 사실을 알았기 때문에 소철(蘇轍, 1039~1112)은 이 구절을 풀이하면서, 총애를 얻어도 놀라서 경계하고, 그것을 잃어버려도 놀라서 경계해야지, 총애에 편안해하고 치욕에 놀라서는 안 된다고 하고 있다.

2. 마치 이 세상을 맡길 수 있는 것처럼 '내 몸을 온 세상과도 같게 귀히 여겨라!', '내 몸을 온 세상과도 같이 아껴라!'라는 것은, 앞장에서부터 '생명을 소중하게 여겨라![重生]'라고 강조하는 사상의 연속선 위에 있다. 이는 양주(楊朱)의 사상을 이어받은 것으로서, '외물을 하찮게 여기며 내 생명을 소중히 여겨라![輕物重生]', '내 생명을 온전히 하고 참된 것을 보존하라![全生保眞]'는 것과도 상통한다. 앞서 제12장에서도 나왔던 것이다. 우리가 오관(五官)의 대상인 외물에 함몰하다 보면 우리의 생명을 갉아먹게 되며, 궁극에 가서는 생명을 해치게도 된다. 한류(韓流)와 현대 문명에 대한 반성도 바로 이 지점에서 이루어지게 된다.

3. "나에게 커다란 환난이 있는 까닭은 나에게 몸이 있기 때문이리니, 나에게 몸이 없을진대 무슨 환난이 있겠는가!"라는 말이 주는 울림은 또 있다. 물론 근본적으로 이 말은 '외물을 하찮게 여기며 내 생명을 소중히 여겨라![輕物重生]'라는 말과

맥을 같이 하는 것이기는 하다. 우리에게서 제일 중한 것은 우리의 생명이요, 이를 담보하는 것은 우리의 몸이기 때문이다. 그런데 어리석은 인간들은 외물이 우리의 몸과 생명을 보장해 주리라 오해한다. 그리고는 이 몸과 생명을 보호·보존하기 위해서랍시고 무한량으로 외물 확보에 나서게 된다. 외물이 많을수록 우리의 몸과 생명은 더욱 잘 보존된다고 잘못 생각한 까닭이다. 그리하여 외물에 함몰한 채 부정과 비리도 마다하지 않으며 온 삶을 다 바치는 어리석음을 범하게도 된다. 그러나 그 결과는 그 몸과 생명을 보존하기는커녕 오히려 해치는 것으로 끝나며, 환난과 치욕을 부르게 된다. 이 또한 역설(逆說)의 진리다.

이러한 어리석음을 범하지 않는 길은, 외물을 하찮게 여기며 참으로 내 몸과 내 생명을 보존하는 수양에 매진하는 것이다. 사마광(司馬光, 1019~1086)은 이에 대해 "바로 내 몸이 있기 때문에 환난이 있는 것이다. 그러므로 이미 내 몸이 있는 것이라면 마땅히 귀히 여기고 사랑하며 자연의 이치에 따라 사(事)와 물(物)에 따를 것이요, 정욕 따위는 좇지 않아서 환난이 없게 해야만 할 것이다"라 풀이하고 있다. 깊이 음미해 볼 가치가 있는 말이라 하겠다.

4. '얻더라도 깜짝 놀랄 것으로 여길 것이요, 잃더라도 깜짝 놀랄 것으로 여기라!'라는 말은, 총애와 영화가 본래의 것도 아니요, 영원한 것도 아니기 때문에 이들을 소유하려 하거나 이들에 안주하지 말라는 말이다. 그런데도 어리석은 이들은 지금 얻고 있는 총애와 누리고 있는 영화가 영원하리라고 여기며, 그 차원, 그 관점에서 행동을 한다.

그러나 시간 속에서 살며 그 영향과 지배를 받고 있는 인간들에게는 모든 것이 시간에 따라 명멸(明滅)한다. 모든 것이 해가 뜨면 스러지는 아침 이슬처럼 찰나적이요, 덧없는 것이다. 따라서 절대로 지금의 총애와 영화가 영원하리라는 믿음을 갖지 말고, 시간의 추이에 따라 그 반대급부가 나에게 다가올 수 있음을 명심하며, 이들을 경계하라는 의미다. 깜짝 놀랄 것으로 여기라는 말의 의미가 바로 이것이다.

범응원(范應元)은 이에 대해, "몸을 가벼이 여기고 수양하지 않는다면 스스로 위태로움과 멸망을 초래한다. 그러므로 군자는 편안할 적에도 위태로움을 잊지 않고, 존속함에서도 잃어버림을 잊지 않는다. 이렇게 하기에 죽을 때까지 환난이 없다"라고 풀이하고 있다. 이는 동아시아의 영원한 고전『주역』의 가르침과도 상통한다.『주역』에서는 공자의 말을 빌려 다음과 같이 말한다.

위태로움을 염두에 두고 있는 이는 그 지위에서 편안할 것이고, 멸망할 수도 있음을 염두에 두고 있는 이는 그 존속을 지킬 수 있으며, 혼란에 빠질 수도 있음을 염두에 두고 있는 이는 태평한 세상을 유지할 수 있다. 그러므로 군자는 편안한 상황에서도 위태로움을 잊어버리지 않고, 존속하면서도 멸망함을 잊어버리지 않으며, 태평한 세상을 이루고 있으면서도 혼란함을 잊어버리지 않는다. 이렇게 하기에 몸이 평안할 수 있고 국가는 보존될 수 있다. 그래서『주역』에서는 "그 망할 것이다, 그 망할 것이라고 하여, 무성하게 무더기로 자란 뽕나무에 매어놓음이다"(『주역』 否卦䷋의 구오효사)라고 하는 것이다.[14]

---

14 『周易』,「繫辭下傳」제5장: 子曰, "危者, 安其位者也. 亡者, 保其存者也. 亂者, 有其治者也. 是故君子安而不忘危, 存而不忘亡, 治而不忘亂, 是以身安而國家可保也. 『易』曰, '其亡其亡, 繫于苞桑.'"

제14장

一

視之不見, 名曰夷; 聽之不聞, 名曰希; 搏之不得, 名曰微. 此三者, 不可致詰, 故混而爲一. 其上不皦, 其下不昧, 繩繩兮不可名, 復歸於無物. 是謂無狀之狀, 無物之象, 是謂惚恍. 迎之不見其首, 隨之不見其後. 執古之道, 以御今之有, 能知古始, 是謂道紀.

　보아도 보이지 않는 것을 '이(夷)'라 하고, 들어도 들리지 않는 것을 '희(希)'라 하며, 붙잡으려 해도 그렇게 안 되는 것을 '미(微)'라 한다.

　이 세 가지는 아무리 그 근원을 캐보려 해도 그것이 불가능하다. 그러므로 뒤섞여서 하나가 되어 버린다.

이 하나가 되어 버림에서는 위라 해서 밝지도 않고, 아래라 해서 어둡지도 않다. 또한 수없이 많은 것들이 끝없이 이어지기 때문에 딱 잡아서 무엇이라 명명(命名)할 수가 없는데, '아무것도 없음[無物]'으로 돌아가 버리고 만다.

이를 일러 '겉으로 드러남 없는 드러남'·'어떤 구체적 개별자의 모양도 없는 모양'이라 하며, 이러하므로 혼돈하여 분간하기 어렵다는 의미에서 '홀황(惚恍)'이라 한다.

이는 앞에서 맞이해도 그 머리가 보이지 않고, 뒤따라가더라도 그 뒤가 보이지 않는다.

다만 옛날부터 존재하는 도(道)를 가지고서 오늘날을 다스리니, 아득한 옛날의 시원을 알 수가 있다. 이를 '도기(道紀)'라 한다.

1. 이 장에서 노자가 지적하고 있는 것은 우선 사람 인식의 한계다. 노자는 여기에서 사람의 눈과 귀, 그리고 손에 의한 촉감을 들어서 이를 갈파(喝破)하고 있다. 노자 철학은 바로 이를 바탕으로 하고 있다. 즉 사람의 인식은 한계를 지닌 것이기 때문에, 상대적일 수밖에 없고, 이를 통해 얻은 분별지(分別智)는 이 한계 안에서만 의미를 갖는다. 그 한계를 넘어서 있는 것에 대해서는 근본적으로 불능인 것이다.

이 점, 즉 사람의 인식이 한계를 지닌 것이라는 점을 받아들이느냐 그렇지 않으냐에 의해 철학의 깊이가 갈린다. 동서양을 막론하고 다 그러하다. 플라톤이 국가 공동체를 끌어가는 데서 철인(哲人)에게 부여했던 사명에도 사실은 이러한 점이 자리 잡고 있다. 플라톤은 철인들이, 오관(五官)이 인지하는 너머의 것을 인식할 수 있는 존재들이라 여겼다. 즉 억견(臆見, doxa)이 아닌 참다운 존재, 즉 이데아에 대한 인식(episteme)이 가능한 존재를 철인이라 보았다. 불교 교리의 근간인 '무명(無明)'론도 마찬가지다. 여기에서 지적하는 사람의 어리석음, 즉 '무명'이 결국은 사람의 인식이 지닌 한계에 기인하는 것이기 때문이다. 그런데 노자는 이 장에서 이렇게 분명하게 구체적인 예를 들면서 오관에 의한 사람 인식의 한계를 지적하고 있다.

유감스럽게도 보통 사람으로서는 우리의 오관을 통해 인식한 것만큼 분명한 것은 없다고 생각하게 된다. 그도 그럴 것이 내가 보고 들은 것 이상으로 분명한 것이 어디에 있겠는가. 그리하여 보통 사람은 자신이 눈과 귀를 통해 받아들인 인식에 대해서는 양보할 수 없다고 여기에 마련이다. 만약에 이를 양보하거나 부인한다면, 그 존재를 부정당하는 것과도 연결되는 것이다. 생각해 보라, 내가 분명하게 보고 들은 것을 부정당하는 상황을! 특히 잘못된 권력에 의해 이렇게 될 때는 사람이 절망할 수조차도 있는 것이다. 따라서 존재론적으로 보면 보통 사람은 자신들이 오관을 통해 받아들인 인식을 참답다고 믿으며 그 속에서 아등바등 살다가 갈 수밖에 없는 것으로 운명 지어져 있다.

한편 사람의 인식은 생래적으로 한계 안에서만 능력을 발휘하게 만들어져 있다. 눈으로 볼 수 있는 것, 귀로 들을 수 있는 것 등 오관에 의해 인식할 수 있는 것의 범위가 정해져 있는 것이다. 이는 조물주의 절묘한 섭리라 할 수도 있다. 어차피 생명 자체가 유한한 사람으로서 그 너머를 보는 것 자체가 무의미할 수 있기 때문이다.

이렇게 사람을 한계를 지닌 존재로 만든 것도 조물주의 절묘한 섭리라 할 수 있다. 이 세계 내에 존재하는 것들은 유한해야만, 그래서 늘 새로운 것들로 대체되어야만, 이 세계가 활발하며 생기를 유지할 수 있기 때문이다. 이는 죽지 않는 이들로 가득 차서 그 구성원에 전혀 변화가 없는 상황을 가정해 본다면 쉽게 수긍이 갈 것이다. 즉 조물주는 우리가 살아가는 세상을 유한하고 불완전한 존재들로 채워 놓고서, 이들이 그 유한함 속에서만 살다가 가고 그 자리를 다시 또 유한한 존재들로 채워 넣는 방식으로 계열을 이룸으로써, 이 세계에 역동성을 주려 한 것으로 보인다. 그야말로 감탄하리만큼 절묘한 선택이라 할 수 있다.

그러므로 보통 사람의 인식에는 이중성이 있다. 그 한계 내에서는 부인할 수 없을 만큼 확실하지만, 그 한계를 넘어서면 그 인식의 결과는 속절없이 무너진다는 것이다. 즉 본인이 직접 보고 들어서 확실한 것이, 그래서 이를 통해 개념을 형성하고 나아가 가치 체계를 이루어서 한평생을 살아가게 되어 있는 것이, 보통 사람의 숙명인데, 그 한계를 한 꺼풀만 벗어 나도 이것들은 무너져 버리고 만다는 것이다. 그래서 보통 사람은 알면서도 모른다고 할 수 있다. 그 분별지(分別智)의 한계가 바로 여기에 있다.

보통 사람으로서는 생래적이고 원초적인 이 인식의 한계로 말미암아 세계의 근원에 대해서는 알 수가 없다. 그런데 보통 사람으로서 '없다'고 하려 해도, 물(物)들이 이 세계의 근원으로 말미암아서 이루어지고 있고, 그래서 내가 이것을 '있다'고 하려 해도 그 형체를 알 수가 없다. 왕필은 '겉으로 드러남 없는 드러남[無狀之狀]'·'어떤 구체적 개별자의 모양도 없는 모양[無物之象]'이라 풀이하고 있다. 이 젊은 천재의 이러한 풀이에 감탄을 금할 수가 없다.

2. 보통 사람의 지각과 인식을 초월해 있는 존재, 즉 이 세계의 궁극적 근원에 대해서는, 보통 사람으로서는 인식할 수가 없다. 그러므로 이것이 궁극적으로는 '아무것도 없음[無物]'으로 떨어지고 만다. 우리가 인식되지 않는 것에 대해 '없다'고 함을 상기하면, 이는 이해할 수 있을 것이다. 그래서 분별

할 수 없으므로 궁극적으로는 온통 '하나'가 되고 만다. 이렇게 '하나'가 되어 버리기 때문에, 보통 사람으로서는 이러한 존재에 대해 위·아래로 구별할 수가 없다. 단순히 분별지의 차원에서, 위에는 태양이 있기에 밝고[皦], 아래는 땅속이기에 어둡다[昧]고 하는 것처럼 구별할 수 없다. 낱낱을 구별하여 이름을 붙일 수도 없다.

3. 옛날부터 존재하는 도를 가지고서 오늘날을 다스린다는 것은, 태고(太古)의 '없음[無]'의 원리로써 오늘날의 문물제도를 관리한다는 것이다. 이 도는 역시 보통 사람의 인식 수준을 넘어서 있는 것이다. 따라서 분별지에 의한 규정이 불가능하다. 그 원리로써 오늘날의 문물제도를 관리한다는 것은 그 원리에 맞추어 간다는 의미다. 역시 무위자연(無爲自然)으로 귀결한다는 의미다.

제15장

—

古之善爲士者, 微妙玄通, 深不可識. 夫唯不可識, 故强爲之
容. 豫焉若冬涉川, 猶兮若畏四隣, 儼兮其若客(容), 渙兮若
氷之將釋, 敦兮其若樸, 曠兮其若谷, 混兮其若濁. (孰能)濁以
止, 靜之徐清, (孰能)安以久, 動之徐生? 保此道者, 不欲盈.
夫唯不盈, 故能蔽不(易順鼎: 而)新成.

옛날의 훌륭한 전문 지식인[士]들은 미묘한 것들에까
지 현묘하게 통달하였으니 보통 사람으로서는 그 깊이
를 알 수가 없었다. 그들은 이렇듯 오직 알 수 없는 존
재들인지라 보통 사람으로서는 그들을 다만 억지로 형
용해 볼 수 있을 따름이었다.

그들은 무슨 일에든 머뭇거리며 숙고하기를 마치 한 겨울 얼음이 언 개울을 건너듯 하였고, 두리번거리며 함부로 나서지 않기를 마치 사방에 깔린 적들을 두려워하듯 하였다. 엄연(儼然)하기는 마치 손님과도 같았고, 잔잔히 풀려 나아감은 마치 막 얼음이 녹듯 하였으며, 돈독하기는 마치 질박한 통나무와도 같았다. 속에 쌓아둔 것 없이 텅 비었음은 마치 골짜기와도 같았고, 구별하지 않고 뒤섞음은 마치 흐린 물과도 같았다.

　뉘라서 흐린 것을 멈추어 고요히 함으로써 천천히 맑힐 수 있고, 뉘라서 편안히 오래도록 유지함으로써 천천히 움직이게 할 수 있으리오. 이러한 도(道)를 간직하고 있는 이들은 자기를 채우려 하지 않는다. 오직 채우려 하지 않기 때문에 남을 덮어줄 뿐 새로이 이루지 않을 수 있다.

1. 이 장에서는 우선 '옛날의 훌륭한 전문 지식인(士)'이라는 이름으로써 도(道)에 통달한 이의 경지에 대해 갈파하고 있다. '미묘한 것들에까지 현묘하게 통달하였으니'라 하는 것이 그 것이다. 이는 다른 말로 하면 보통 사람의 인식 수준 너머에 있는 것을 인식할 수 있다는 의미다. 그래서 보통 사람으로서는 이들이 지닌 깊이를 알 수가 없으니, 억지로 그들을 형용해 본 구체적인 예들을 열거하고 있다.

이 예들을 관통하는 것은 양(陽)의 세계에 자신들을 드러내지 않음이다. 재삼재사 숙고해서 행동에 나선다는 것, 두리번거리며 함부로 나서지 않는다는 것, 자기가 하는 일에 주인으로 나서기보다는 손님처럼 한다는 것, 순리에 맞게 천천히 풀어간다는 것, 통나무처럼 돈독하게 행동한다는 것 등이 그러하다. 이것들은 모두 자신들을 앞세우거나 드러내지 않음을 의미한다.

이러한 방식으로는 오늘날과 같은 경쟁 사회에서 결코 살아남을 수 없다. 경쟁 사회는 양(陽)의 속성을 지닌 것이다. 따라서 자신을 드러낼 수 있는 한 최선을 다해서 드러냄이 미덕이다. 이에 비해 여기에서 노자가 '옛날의 훌륭한 전문 지식인'의 행동 양상으로서 열거하는 것들은 음(陰)의 속성을 드러내는 것들이라 할 수 있다. 이러한 방식으로 살아간다면 오늘날의 사회에서는 도태되기에 딱 알맞다고 할 수 있다.

그러나 오늘날 우리가 꾸리고 살아가는 사회에서 경쟁이 지닌 효율성을 충분히 인정하면서도, 이것이 우리에게서 살맛을 앗아 가며 삶을 피폐하게 하는 원흉임을 생각하면, 노자의 이러한 목소리에 우리는 귀 기울이지 않을 수 없다. 경쟁 사회는 거기에 참여한 사람들을 모두 패자(敗者, loser)로 만드는 마성(魔性)을 지니고 있다. 이러한 사회에서는 오로지 경쟁에 이기는 요소들만이 사람들의 관심을 끌고 가치를 평가받는다. 그런데 이 요소들은 사람들의 살맛을 돋움이나 행복감을 주는 것과는 동떨어져 있다.

그런데도 경쟁에서 이기기 위해 온 삶을 다 바쳐 그 승리에 매진하다 보니, 우리의 사람됨을 형성하는 데서 더욱 고귀한 요소들은 배제됨이 너무나 자연스럽다. 그 결과 경쟁에서의 성공이 오히려 피폐한 삶을 이끌어 가는 쪽으로 작동하기까지 한다. 사람됨이 제대로 되어 있지 않기 때문에, 그 승리가 주는 열매들을 자신이 주체가 되어 제대로 다스리지 못하고, 오히려 그것들에 함몰한 채 취해 무너져 버리고 마는 것이다.

따라서 경쟁 위주의 사회에서는 실패자들은 물론이요, 설사 성공한 사람들이라 할지라도 살맛 나는 행복한 삶을 누리지 못하기 일쑤다. 우리 사회에서 성공했다고 하는 사람들, 부귀(富貴)에서 상층부를 차지하고 있는 사람들의 경우에서 이러한 예는 쉽게 찾을 수 있다. 나아가 그들은 자신들의 삶을 피폐하게 할 뿐만 아니라 남들의 삶까지 피폐하게 하는 경향을 지니고 있다. 이러한 이들이 집권했을 때 민초들에게 미치는 앙화가 얼마나 컸는지를 감안하면 이는 부인하기 어려우리라 본다. 이를 실감이 나게 깨닫는다면, 노자가 이 장에서 '옛날의 훌륭한 전문 지식인[士]'이라는 이름으로써 갈파하고 있는 삶의 태도들이 의미를 지닌 것으로서 다가올 것이다.

2. "속에 쌓아둔 것 없이 텅 비었음은 마치 골짜기와도 같았고, 구별하지 않고 뒤섞음은 마치 흐린 물과도 같다"라는 구절은 제1장에서부터 계속되는 논리 그대로다. 보통 사람에게 이들은 이렇게 보이는 것이다. 이들은 이러하기에 '자기를 채

우려 하지 않음'이나 '남을 덮어줄 뿐 새로이 이루지 않음'이 가능한 삶을 영위할 수 있다. 우리는 이러한 삶을 경쟁에서 이기는 삶에 대한 대안으로 고려해 볼 필요가 있다.

3. '흐린 것을 멈추어 고요히 함으로써 천천히 맑힐 수 있다'라는 것에서 '흐린 것'이 상징하는 것은 경쟁에서 승리하기 위해 허겁지겁 살아가는 모습이라 할 수 있다. 경주마처럼 앞만 보고 질주하는 모습이다. 이에 비해 '고요히 함으로써 천천히 맑힐 수 있다'라는 것은 '옛날의 훌륭한 전문 지식인(士)'의 삶으로써 이를 바로잡음을 의미한다. 앞에서 예로 든 것과 같은 삶을 사는 것이다. '편안히 오래도록 유지함으로써 천천히 움직이게 함' 역시 같은 맥락 속에 있다. 오관의 대상인 외물(外物)에 대한 추구와 집착을 버리면, 경쟁의 성공이 가져오는 것들 속에 자리 잡은 허망함을 직시한다면, 노자가 여기에서 강조하는 이러한 삶도 우리에게 대안으로 다가올 수 있다.

제16장

致虛極, 守靜篤. 萬物竝作, 吾以觀復. 夫物芸芸, 各復歸其根. 歸根曰靜, 是謂復命. 復命曰常, 知常曰明. 不知常, 妄作, 凶. 知常容, 容乃公, 公乃王(全), 王(全)乃天, 天乃道, 道乃久, 沒身不殆.

우리 마음을 텅 비움이 극에 이르도록 하고, 고요함을 돈독히 유지하라. 만물은 모두 일제히 자라나는데, 나는 이들에서 '돌이킴[復]'의 이치를 깨우치노라.

저 물(物)들은 무성하더라도 각기 그 근본으로 돌아간다. 근본으로 돌아감을 '고요함'이라 하는데, 이를 일컬어 '생명의 근거로 돌아감'이라 한다.

이렇듯 생명의 근거로 돌아감을 '한결같음'이라 하고, 이 한결같음을 아는 것을 '밝다'라고 한다. 한결같음을 알지 못하면 망령된 것이 일어나서 흉하다.

한결같음을 알면 다 포용하게 되고, 다 포용하면 공정하게 된다. 공정하면 온전해지고, 온전해지면 하늘과 같아진다. 하늘과 같아짐이 바로 도(道)대로 살아감이다. 도대로 살아가니 유구할 수 있고, 죽을 때까지 위태롭지 않다.

해 설

1. 여기에서 텅 빔[虛]과 고요함[靜]을 강조하는 노자의 철학이 드러나 있다. 이른바 '허정(虛靜)' 사상이다. 텅 빔의 대상은 주로 탐욕과 인식에서의 편견이나 선입관을 가리킨다고 할 수 있다. 이것들은 일차적으로 우리의 생존과 생명 현상의 유지를 위해 필수 불가결한 것들이기는 하다. 다시 말해서 이것들이 없으면 우리는 생존할 수도 없고, 생명 현상을 일으킬 수

도 없는 것이다.

　그런데 노자는 왜 이것들을 비워야 한다고 했을까. 우선 탐욕은 우리의 삶을 피폐하게 하기 때문이다. 그런데 인간은 이 탐욕을 완전히 만족시킬 수 없다. 이 자체가 끝이 없는 것이고, 설사 일단 한번 탐욕을 채웠다고 하더라도, 그 만족을 위해 요하는 정도가 점점 커지고, 나아가 만족 자체가 식상해지기 마련이다. 그래서 다음에는 더욱 많은 탐욕의 대상을 취하거나 새로운 대상을 찾아 나서게 한다. 그러므로 이 탐욕은 근본적으로 충족시킬 도리가 없는 것이다. 최선의 방책은 우리가 우리 삶의 주체가 되어 이 탐욕을 다스리고 조절하는 것이다. 그야말로 탐욕을 우리의 생존과 생명 현상의 발동을 위한 최소한의 수준에 가두어 놓아야 하는 것이다.

　그런데도 도대체 근본적으로 충족시킬 수 없는 이 탐욕에 빠져서 그 노예가 된다면, 우리의 삶을 송두리째 이것에 바치고 마는 비극적 현상이 발생한다. 우리 자신이 우리 삶의 주체가 되지 못한 채, 한갓 탐욕의 객체가 되어서 이것에 휘둘리다가 결국 그 삶을 파탄 내고 마는 것이다. 특히 경쟁에서 성공한 부류, 즉 부귀(富貴)한 무리에게서 이러한 현상은 더욱 자주 나타난다. 왜 이럴까. 이 부귀한 무리는 자신들이 누리는 부귀로써 탐욕의 대상들을 얼마든지 늘려가면서도 향유할 수 있다고 여기기 때문이다. 이는 무의식적 착각이라 할 수도 있다. 여기에는 보통 사람에게 거의 불가능한 물질적 풍요가 갖는 양면성이 존재한다. 즉 물질적 풍요는 탐욕을 채우는 데서 어느 정도 유용하기는 하지만, 다른 측면에서는 그것에 함몰시켜 삶을 피폐하게 해 버리기도 하는 것이다. 그런데 부귀한 이들은 전자에 눈이 먼 채 생명 현상을 유지하기 위해 최소한으로 발휘함에 그쳐야 할 이 탐욕을 조절하며 제 삶의 주체가 되지 못하고 이것에 함몰해 버리고 만다. 그 결과 그 삶은 비극적인 것이 되고 만다. 이는 역사적으로도, 당금 세상에서도 흔하게 발견할 수 있는 현상이다.

편견과 선입관은 사람의 인식에서 필수 불가결한 것이다. 누구에게든 이것들이 없으면 자아(自我)와 정체성(正體性)을 확립하기 어렵기 때문이다. 사람은 자신의 관점에서 인식을 형성할 수밖에 없다. 이 점에서는 거의 예외가 있을 수 없다. 이것은 장자가 「제물론(齊物論)」에서 잘 지적하고 있다. 나아가 사람이면 대부분 이것들을 바탕으로 하여 쌓아 올린 인식의 데이터베이스와 개념 및 가치관을 갖고 있다. 불교에서 주장하는 아뢰야식(阿賴耶識)이 이것이라 할 수 있다. 이렇게 보면 편견과 선입관이 사람의 인식에서 결코 없을 수 없다는 것에 동의할 수 있을 것이다.

문제는 자신의 편견과 선입관이야말로 가장 정확하고 옳다고 함에서 야기된다. 물론 사람은 누구든지 자신의 관점을 떠나서 인식하기 어렵기에, 그래서 자신을 인식의 중심에 놓고 볼 수밖에 없기에, 자신의 인식이 가장 정확하며 옳다고 하기 십상이다. 그러나 앞에서 서술하였듯이 이것은 이미 한정된 불완전 인식에 지나지 않을 따름이다. 따라서 이를 고집하거나 이에 집착하면 다른 사람의 인식과 충돌을 일으킬 것이 자명하다. 다른 사람들의 인식 또한 편견이고 선입관일 가능성이 있기 때문이다. 그리하여 보다 더 차원 높은, 나아가서는 궁극의 경지에 있는 절대적 인식을 불가능하게 한다.

이상의 논의에 비추어 보면, 탐욕과 편견 및 선입관은 비울수록 좋다는 데 동의할 수 있을 것이다. 노자는 바로 이에 대한 깨달음에 이르렀던 것이고, 이 점을 바로 이 장에서 이렇게 강조하고 있다.

2. 고요함[靜]의 반대는 움직임[動]이다. 노자는 이 움직임을 '바스댐[躁]'이라고도 한다.(제26장: 靜爲躁君) 음·양으로 분류하면 고요함은 음에 속하고 움직임은 양에 속한다. 그러므로 움직임은 드러날 수밖에 없다. 양은 드러내고 펼쳐 냄을 특성으로 하기 때문이다. 이 드러남의 큰 특징은 '있음[有]'의 차원으로 환원되고, 특정할 수 있으며, 그래서 특수(particular)의 차원에 속한다는 것이다. 그래서 유한하다는 것이다. 그리고 드러남은 배타성을 가질 수밖에 없으며, 배제를 필연적으로 안고 있다.

이에 비해 고요함은 드러남이 모두 부정된, 즉 스러진 상태를 말한다. 다시 말해서 시각적으로든, 청각적으로든, 드러남이란 완전히 소실된 상태다. 이 고요함은 음의 부류에 속하는데, 음은 감추고 거두어들임을 특성으로 한다. 이는 양과 대조되는 면이다.

따라서 우리는 이 고요함에 대해서 오관(五官)을 작동할 수 없으니 어떤 긍정적 관념도 형성할 수 없다. '~이 아니다(~P)'는 부정의 차원에서만 논할 수 있을 따름이다. 이는 이 고요함을 긍정의 논리로 아무리 표현하려 해도 안 됨을 보면 수긍

할 수 있을 것이다. 이렇듯 음의 부류에 속하는 고요함은 드러냄이 없기에 특정할 수 없으며, 특수의 차원에 한정할 수가 없다. 따라서 노자가 제기하는 '있음[有]' 차원의 문제들이 이 고요함[靜]에서는 모두 해소된다고 할 수 있다.

이 장에서 '고요한 생활을 유지함을 돈독히 하라'고 한 것은 앞의 텅 빔[虛]과 짝을 이룬다. 즉 탐욕을 텅 비우고, 편견에 따라서 자기중심적으로 행하는 행위를 하지 말라는 의미다. 이러한 삶의 태도를 그저 한두 번 행함에 그치지 말고, 즉 작심삼일(作心三日)의 가벼움을 드러내지 말고, 평생에 걸쳐 죽 유지하라는 것이 바로 '돈독히 하라'고 함의 뜻이다.

3. 이 장에서 말하는 '돌이킴[復]'은 '반(反)'과 상통하는 개념이다. 이들 개념은 우리가 살아가고 있는 세계가 제3의 존재를 필요로 하지 않고 자체적으로 잘 돌아감을 보증하는 개념들이다. 노자는 여기에서 돌아감이 근본, 즉 생명의 근거로 돌아감이라 하고서는 이를 '고요함'이라 하고 있다.

생명의 근거는 '있음[有]'의 차원에서 설정될 수 없다. 만약에 '있음'의 차원에 설정된다면 그것 아닌 것들은 배제할 수밖에 없기 때문이다. 그러므로 생명의 근거라면 어디까지나 부정의 차원에서 '~이 아니다(~P)'라고 하는 논리에 설 수밖에 없다. 그래야 세상 만물을 포괄할 수 있다. 이러한 생명의 근원 속에서 만물은 피어났다가 그 생명이 다하면 시들고, 왔던 그 근본으로 돌아간다. 이를 반복하며 이 세계는 지속된다는 것이다. 그래서 노자는 여기에서 이를 '한결같음(常)'이라는 말로 아우르고 있다. 이는 신(神)과 같은 제3의 존재가 필요 없이, 아니 설 자리가 없이, 이 세계가 자체적으로 잘 돌아가고 있음을 말하는 것이다.

그런데 노자는 이 한결같음을 아는 것을 '밝다'고 하고 있다. 즉 텅 빔[虛]과 고요함[靜]의 태도를 유지해야만 단순히 오관에 의한 인식을 훌쩍 뛰어넘는 차원에서 이를 깨우칠 수 있다는 것이다. 오관에 의해 형성된 편견과 선입관에 서 있으면 결코 이를 알 수가 없는 것이다. '밝다'라는 말속에 담긴 의미와 논리가 이것이다. 노자는 이러한 깨우침을 얻은 존재라야 배타(排他)·배제(排除)가 아닌 포용(包容)의 자세로 세계에 다가간다고 여기에서 말하고 있다. 그래서 온전해질 수 있고, 하늘과 같아질 수 있다고 하는 것이다.

이를 한마디로 요약하면, '도(道)대로 살아감'이다. 이는 자

제16장 **123**

기중심성을 해소하고 온 세계를 하나로 품는 것이다. 그리하여 이렇게 도대로 살아감에서는 자기중심성이 해소되었기 때문에, 배타·배제는 설 자리가 없고 유위(有爲)의 기치를 내걸고 세상을 자기가 의도하는 쪽으로 몰아가려 함도 없다. 모든 것들을 저절로 그러하도록[自然] 내버려 둘[無爲] 뿐이다. 그 첫걸음은 텅 빔[虛]과 고요함[靜]을 이룸이다.

제17장

太上, 下(不)知有之; 其次, 親而譽之; 其次, 畏之; 其次, 侮
之. 信不足焉, 有不信焉. 悠兮其貴言, 功成事遂, 百姓皆謂
"我自然."

더할 나위 없는 최상의 정치는, 아랫사람들이 그저
그러한 것이 있음을 아는 데 그치게 한다. 그보다 못한
정치는 아랫사람들에게 친밀감을 주고 아랫사람들이
그를 기리는 것이다. 그보다 더 못한 정치는 아랫사람
들이 두려워하는 것이다. 그보다 더 못한 정치는 아랫
사람들이 조롱하고 모욕하는 것이다.

아랫사람들에게 믿음을 주는 것이 부족하기에 아랫

사람들로서도 위의 정치가들을 믿지 않는 것이다. 유
유자적함이여, 말을 귀하게 여겨 함부로 입을 놀리지
않으니, 공(功)이 이루어지고 일이 완수되더라도 백성
들 모두 "내 스스로가 이렇게 했다"라고 한다.

해 설

1. 이 장에서는 최상의 정치에 대한 노자의 견해가 잘 드
러나 있다. 다름 아니라 '없음[無]'의 논리와 역설이 자리 잡고
있다.

만약에 동아시아의 정치를 지배한 유가나 법가처럼 '있음
[有]'과 유위(有爲)의 논리에 서 있다면, 드러내고 또 드러내려
할 것이다. 그리고 이러한 차원에서 잘하고 똑바로 하는 쪽으
로 기획하며 국가 공동체 구성원들을 몰아갈 것이다. 아울러
이렇게 하는 것을 기리고 칭송할 것이다. 따라서 이러한 논리
에서는 성군(聖君)을 강조하고 영웅(英雄)을 우러르며 받든다.
인인(仁人)·지사(志士)가 추앙받는다.

이러함은 오늘날에도 여전히 지속되고 있다. 관공서는 물론 가가호호(家家戶戶) 사진으로 붙여 놓고 매일 숭배를 유도하는 지경이니 말이다. 이러하다면 백성들로서 그 위대한 지도자를 모를 리가 없다. 이것이 바로 여기에서 '아랫사람들에게 친밀감을 주고 아랫사람들이 그를 기리는 것'이라 한 정치다.

그러나 동아시아 역사를 돌아보면 당대에, 또는 후손들에 의해, 추앙받는 인물이 명실상부한 경우가 그리 많지 않다. 지금도 시골에 가면 흉물스럽게 남아 있는 송덕비(頌德碑)들은, 오히려 보는 이들의 눈살을 찌푸리게 하고, 호사가들에게는 조롱거리를 제공하고 있다. 이 송덕비들은 대부분 당시의 지배구조에서 힘을 가진 이들이 그 힘에 의해 억지로 자신을 덕 있는 인물로 표창한 결과의 산물이다. 그러나 그 명(名)과 실(實)이 일치하지 않았기에, 세월이 흐르면서 그 지배구조가 바뀌고 그 힘이 사라지자, 챙겨주는 이 없이 그저 저렇게 빛바랜 흉물로 남고만 것이다. 이것은 드러냄의 논리가 갖는 어두운 면이다. 즉 명실상부하지 않음은 드러냄의 논리가 지닌 문제점이라 할 수 있다.

이 드러냄의 논리가 담긴 더욱 무자비한 측면은 '성과 위주의 경쟁'이라는 체제를 국가 경영에 끌어들이게 된다는 점이다. 여기에서는 배제의 원리가 필연적으로 작동할 수밖에 없다. 이 '성과 위주의 경쟁' 체제를 운용하다 보면, 그 구성원들의 삶을 매우 피폐하게 하는 양상이 초래된다. 이에 대해서는 앞에서 논했으므로 여기에서는 생략하기로 한다.

노자는 이 드러냄의 논리, 유가에서 채택하고 있는 이 논리가 정치에 적용되었을 경우, 필연코 이상과 같은 문제점을 초래하게 될 것임을 간파했다고 볼 수 있다. 그리하여 이러한 정치는 아무리 좋아도 도가의 논리에 의한 공동체 운영보다 나쁘다고 본 것이다. 나아가 노자는 순차적으로 내려갈수록 드러냄의 논리를 더욱 짙게 반영한 예로서 적시하며, 이것들이 백성들에게는 더욱 나쁜 정치 형태임을 일깨워 주고 있다.

노자는 이러한 정치 형태들에 비해, '없음[無]'의 논리를 적용한 정치 철학을 이 장 앞머리에서 개진하고 있다. 이 형태는 도의 논리에 따르는 것이니, 무위자연(無爲自然)에 입각한 통치를 하게 될 것이다. 이러한 통치는 말을 초월한 차원에 있으므로, 말을 통해 드러날 리가 없다. 있다면 통치자들과 피치자들 사이에 믿음성만 있을 것이다. 노자는 이러한 통치의 궁극의 경지로서, 공(功)이 이루어지고 일이 완수되더라도 백성들 모두 "내 스스로가 이렇게 했다"고 한다고 하고 있다.

2. 물론 노자가 말하는 이러한 정치가 우리의 현실 정치에서 완벽한 모습으로 실현되기는 어려울 것이다. 더구나 국가의 강역이 크고 인구가 많을수록 이는 더욱 어려울 것이다. 아울러 인류가 국가 공동체 꾸려 감을 포기하지 않는 한 노자의 정치 철학을 전면적으로 시행하기는 어렵다.

물론 역사적으로 한(漢)나라 초기에 황로(黃老) 사상의 외피를 쓰고 이 도가의 통치술이 잠깐 등장하여 진시황이 끼친 폐해를 치유하는 데 어느 정도 이바지한 적이 있다. 그러나 한무제(漢武帝)에 이르러서는 다시 "다른 모든 학파는 몰아내고 오로지 유가만을 존숭하자![罷黜百家, 獨尊儒術]"는 기치 아래 유가를 통치 이데올로기로 끌어올렸고, 이후 동아시아에서는 이러한 프레임이 그대로 유지되고 있다.

그렇다면 노자의 이러한 정치 철학은 애당초 실현 불가능한 신기루에 불과한 것일까. 물론 완벽한 실현이라는 측면에서는 이렇게 말할 수도 있을 것이다. 그러나 유가·법가의 정치처럼 드러냄에 의한 정치가 심각한 문제 양상을 드러낼 때는, 그 치유책·보완책으로서 이 노자의 정치 철학에 귀 기울일 필요가 있을 것이다.

제18장

—

大道廢, 有仁義; 慧智出, 有大僞; 六親不和, 有孝慈; 國家昏
亂, 有忠臣.

　위대한 도가 폐기되자, 인(仁)·의(義)가 드러났다. 머
리 좋음을 내세우자, 거대한 허위가 있게 되었다. 부모
와 자식, 형과 동생, 지아비와 지어미 사이에 불화가 일
자, 효(孝)와 자애를 강조하게 되었다. 나아가 국가가 제
대로 돌아가지 않으며 혼란에 빠지자, 충신이 있게 되
더라.

1. 이 장에서는 노자 철학의 논리를 적용하면, 유가에서 금과옥조(金科玉條)로 여기는 덕목들의 빛이 바램을 드러내고 있다. 유가에서는 짐승들의 무리와 사람 세상이 다름을 강조하며, 이를 '아름답다'는 의미에서 '문(文)'이라 한다. 이 '문'의 실체가 사실은 여기에서 적시하고 있는 덕목들이다. 사람들은 이러한 덕목들을 실현하며 그 공동체를 꾸리고 운영하기에, 짐승들의 그것에 비해 훌륭하며 여기에 사람다움의 참 의미가 있다고 한다. 그러나 이것을 노자의 논리 위에 올리자 이렇게 그 의미가 퇴색하고 만다. 우리는 여기에서 역시 노자 철학 속에 담긴 역설의 논리를 확인할 수 있다.

2. 하상공(河上公)의 풀이에 의하면, 나라를 운영하는 체제인 정령(政令)이 제대로 시행되지 않고 위·아래 사람들이 서로 미워하며 나쁜 수단까지를 모두 동원하여 권력 다툼을 벌이는 현상이 생겨야만, 충신이 나와서 나라를 바로잡음도 있을 수 있다고 한다. 그렇지 않고 사람 세상이 태평하게 잘 돌아가고 있다면, 즉 사람 세상에 위대한 도의 원리가 잘 실현되고 있다면, 사람들은 인·의 자체를 알지 못할 것이다. 또 그들

모두가 욕심 없는 삶을 살고 있다면 청렴 자체를 모를 것이며, 각자가 순결한 삶을 살고 있다면 올곧음이라는 덕목이 있는 줄조차 모를 것이라 한다. 그리하여 위대한 도(道)를 실현하는 임금이 있다면 인·의 따위는 없어질 것이고, 효(孝)와 자애도 사람들 사이에서 사라지리라 한다. 마치 하늘에 한낮의 태양이 밝게 비추고 있다면 별들은 그 빛을 잃고 자취를 감추듯이 말이다. 하상공의 이 풀이가 이 장의 의미를 잘 드러내고 있다고 본다.

제19장

—

絶聖棄智, 民利百倍; 絶仁棄義, 民復孝慈; 絶巧棄利, 盜賊
無有. 此三者以爲文不足. 故令有所屬: 見素抱樸, 少私寡欲.
(絶學無憂).

　성스러움 따위를 배제해 버리고 머리 좋음을 내친다
면, 백성들의 이익은 오히려 100배가 된다. 인(仁)을 배
제해 버리고 의(義)를 내친다면, 백성들은 효(孝)와 자애
를 회복할 것이다. 교활함을 버리고 잇속 챙기기를 내
친다면, 남의 것 훔치고 해치는 일은 일어나지 않을 것
이다.

　유가에서는 이들 세 가지를 '문(文)'이라 하며 치켜세

우지만, 이것들로는 사람 세상을 안정시키기에 부족하다. 그래서 사람들에게 돌아갈 곳이 있게 하니, 이는 다름 아니라 꾸밈없는 모습 그대로를 드러내고 돈독한 질박함을 가슴에 품음이다. 또 사사로움을 줄이고 욕구를 적게 함이다. (아울러 학식을 내팽개치고 근심을 없앰이다).

해 설

1. 이 장에서는 앞 장의 취지를 유지하며 유가의 덕목들이 가진 어두운 면을 지적하고 있다. 나아가 인위적 꾸밈의 소산인 유가의 덕목들을 내던지고, 도(道)의 속성인 본바탕 그대로 질박함을 실현하면서 사는 세상이 훨씬 좋은 것임을 강조하고 있다. 도가의 '본바탕 그대로 질박함[素樸]'은 1차적인 것이고, 유가의 덕목들은 2차적인 것이다.

2. 유가의 덕목들에 대해서 좀 더 알아보자. 유가에서는 인·의·예·지 사덕(四德)을 운용하여 사람 세상을 꾸려감이 짐승들의 집체 생활에 비해 훌륭하고 아름답다는 측면에서 '문

(文)'이라는 말로 가름한다. 즉 짐승들의 그것에 대해서는 각자 자기의 생명을 유지하고 연장하기 위해 맹목적 본능에 함몰한 채 그저 약육강식(弱肉强食)과 상호 쟁탈의 방식으로 살아간다는 측면에서 '야(野)'라 하고는, 이와 비교하여 사람 세상의 우월함을 강조하고 치켜세우는 것이다.

이러한 덕목을 발휘하기 위해서는 필연적으로 자기의 본능과 욕구를 조절하는 '수기(修己)' 또는 '극기(克己)'가 요청되는데, 인간들은 이러한 방식들에 의해 인간됨을 이룩하고 더불어 살아감을 이룬다고 본 것이다. 유가에서는 이를 주창하고 이러한 세상을 실현해 나아가는 최고의 인물로서 성인(聖人)을 내세우며, 그 됨됨이 즉 성스러움을 칭송한다. 나아가 그 성스러움을 자기 행동의 본보기로 삼아 꾸준히 닮아가자는 것이 유가 철학의 종지(宗旨)다. 이러한 사람 세상을 이루기 위해서는 절묘한 솜씨와 남에게 의도적으로 이로움을 주는 것 또한 필요하다고 유가에서는 요청하고 있다. 그런데 노자는 여기에서 이를 비판하고 있는 것이다.

3. 하상공(河上公)은 노자의 이 장 취지를 더욱 밀고 나아가며, 태초의 상태로 돌아가 인간의 생명을 유지함에서 으뜸이

된 것을 지키며[反初守元] 꾸밈없는 그대로 살아가는[結繩無文] 삶이 최고라 하고 있다.

4. 마지막 구절 "絶學無憂(아울러 학식을 내팽개치고 근심을 없앰이다)"는 사실 다음 장의 첫 구절이다. 그런데 학자들에 따라서는 이 구절이 다음 장에 있을 것이 아니라 이 장의 마지막 구절에 있는 것으로 보아야 한다고 주장한다. 문맥으로 볼 적에, 이 구절의 의미는 이 장에 어울리지, 다음 장과는 그 취지가 맞지 않는다는 이유에서다. 까오헝[高亨], 쟝시창[蔣錫昌], 천구잉[陳鼓應] 등이 이러한 주장을 한다. 나는 이러한 주장에 일리가 있다고 보아서 이 장의 마지막 구절로 옮겨 번역하였다. 다만 고문헌에 함부로 손을 댈 수 없기에, 유보하는 의미에서 ( )로 처리하였다.

당시의 문헌에는 이렇게 착간(錯簡)이라 할 수 있는 것들이 더러 있다. 즉 종이가 없던 그 시절 대나무[竹簡]나 목간(木簡)에 글자를 쓰고, 그 간책(簡策)들을 엮는[編] 방식으로 문헌을 정리하였는데, 오랜 세월이 지나다 보면 이 간책들이 앞뒤로 뒤섞이는 경우가 가끔 있는 것이다. 이것을 '착간'이라 하는 것이다. 이 마지막 구절도 이러한 착간의 하나로 보는 것이다.

제20장

—

(絶學無憂) 唯之與阿, 相去幾何? 善(美; 帛書本)之與惡, 相去若何? 人之所畏, 不可不畏. 荒(望)兮, 其未央哉! 衆人熙熙, 如享太牢, 如春登臺. 我獨泊兮, 其未兆; 沌沌兮, 如嬰兒之未孩; 儽儽兮, 若無所歸. 衆人皆有餘, 而我獨若遺. 我愚人之心也哉! 沌沌兮! 俗人昭昭, 我獨昏昏; 俗人察察, 我獨悶悶. 澹兮其若海, 飂兮若無止. 衆人皆有以, 而我獨頑似鄙. 我獨異於人而貴食母.

공손히 "예!" 하고 대답하는 것이나 시건방지게 "맞아, 그래서?"라고 대답하는 것 사이에 다름이 얼마나 되나? 훌륭한 것과 추악한 것 사이에 다름은 또한 얼마

나 되나? 사람들이 두려워하는 것을 두려워하지 않을
수는 없다.

아득하구나, (뭇사람들과 나 사이에) 다름이 끝이 없음이여!
뭇사람들은 와자하니 즐거워하며 마치 성대한 잔치를
벌이고서 음식을 나누어 먹듯 하고, 봄날 누대에 올라
아름다운 경관을 흔상(欣賞)하는 듯한데, 나만 홀로 희로
애락의 감정조차 내지 않은 채 마음을 고요히 가라앉히
며 드러내지 않네, 일체의 분별을 여읜 듯 마치 젖먹이
[嬰兒]와도 같이 웃음조차 짓지 않네. 피곤하고 지친 듯해
보이네, 돌아갈 곳조차 없는 것 같도다. 뭇사람들은 모
두 여유로운데 나만 홀로 내버려진 듯하도다.

나는 어리석은 이들의 마음과도 같이 하는구나, 일체 분
별을 여읜 듯하도다! 속인들은 자신들이 환히 알고 분명
히 앎을 자랑하지만 나는 홀로 아무것도 모르는 듯하며,
속인들은 세세히 살피며 엄밀하게 따지지만 나만 홀로
순박하게 그러할 줄을 모른다.

담박하기는 마치 바다와도 같고, 질풍과 같아서 그 어느

것에도 거리낌이 없다. 뭇사람들은 모두 자신이 쓸모 있음을 과시하지만, 나만 홀로 완고하며 아무것도 모른 채 비루해 보이게 한다. 나만 홀로 남들과 다르나니, 나는 우리 생명의 근본을 귀하게 여긴다.

1. 이 장에서는 노자의 논리가 감춤의 논리, 구별 없이 다 받아들임의 논리임을 잘 드러내고 있다. 따라서 노자의 논리에서는, 구별이 불가능하고 서열 지음 또한 불가능하다. 이들이 아예 의미가 없다. 여기에서 "속인들은 자신들이 환히 알고 분명히 앎을 자랑하지만 나는 홀로 아무것도 모르는 듯하며, 속인들은 세세히 살피며 엄밀하게 따지지만 나만 홀로 순박하게 그러할 줄을 모른다", "나만 홀로 내버려진 듯하도다. 나는 어리석은 이들의 마음과도 같이 하는구나, 일체의 분별을 여읜 듯하도다!", "뭇사람들은 모두 자신이 쓸모 있음을 과시하지만, 나만 홀로 완고하며 아무것도 모른 채 비루해 보이

게 한다"라 한 것 등에서 이를 확인할 수 있다.

이에 비해 여기에서 '뭇사람'이라 한 '중인(衆人)'들, 특히 유가는 드러냄의 논리, 드러냄으로써 구별하고 차별하며 서열 짓는 논리를 대표한다. 더욱이 사람 세상을 사덕(四德)으로써 꾸려 나아감을 '아름답다[文]'라고 하며 차별하고 서열 지음을 찬양한다. "예!" 하고 공손하게 대답하는 것과 시건방지게 "맞아, 그래서?"라고 대답하는 것을 구별하며, '훌륭한 것'과 '추악한 것'을 구별한다. 나아가 서열의 앞에 선 이들을 찬양하는 한편, 서열에서 밀려난 이들을 차별하고 배제한다. 이것이 각자가 드러낸 것[成就와 功]에 의한 것이니만큼, 그 찬양과 차별 모두를 정당한 것으로 간주한다. 이 드러냄의 논리와 노자의 논리 사이의 차이가 얼마나 큰가. 그래서 노자는 여기에서 "아득하구나, (뭇사람들과 나 사이에) 다름이 끝이 없음이여!"라 탄식하고 있다.

2. 구별은 부분에 한정됨을 특성으로 한다. 즉 어떤 관점과 기준 위에서 구분하는 것이다. 이를 돋보이게 하며 한정 지어주지 않으면 구별 자체가 불가능하기 때문이다. 그래서 구분은 부분 위에 서 있는 것이다.

이에 비해 구별 없이 다 받아들임의 논리는 전체를 다 아우른다. 이러한 까닭에 구분이 특수(particular)를 반영함에 비해, 구별 없음은 보편(universal)을 반영한다. 여기에서 "담박하기는 마치 바다와도 같고, 질풍과 같아서 그 어느 것에도 거리낌이 없다. … 나는 우리 생명의 근본을 귀하게 여긴다"라고 한 것에서 이 보편의 논리를 확인할 수 있다. 노자는 바로 이러한 관점과 논거에서 유가를 비판하는 것이다. 그리고 이것이 경쟁과 서열화로 모든 문제를 해결하려고 하는 우리에게 깊은 울림을 주는 것이다.

3. 노자의 논리를 체득한 사람을 '일반 사람'으로서는 대표하거나 상징할 수 없다. 이들은 유가에서 말하는 구별의 논리 위에 서 있는 존재들이기 때문이다. 그래서 노자는 사람으로서는 '젖먹이[嬰兒]'를 들어서 이를 은유하고 있다. 노자가 여기에서처럼 '젖먹이'를 노자의 논리를 체득하여 보편성을 실현하고 있는 존재로 구체화하고 있는 것은, 이 젖먹이들이 보통 사람과 구별의 차원에서 대화하지도 않고 반응하지도 않기 때문이다.

왕필은 이에 대해 "툭 터져 아득하여 이름 붙일 수 있는 그 어떤 형체도 없고, 드러낼 수 있는 그 어떤 조짐도 없음은, 마치 젖먹이가 아직 웃을 수조차 없는 것과 같다"[15]라 하고 있다. 즉 구별 지음 위에 세울 수 있는 그 모든 것을 초월한 상태라는 것이다.

---

15 言我廓然無形之可名, 無兆之可擧, 如嬰兒之未能孩也.

제21장

一

孔德之容, 惟道是從. 道之爲物, 惟恍惟惚. 惚兮恍兮, 其中
有象; 恍兮惚兮, 其中有物. 窈兮冥兮, 其中有精; 其精甚眞,
其中有信. 自古及今, 其名不去, 以閱衆甫. 吾何以知衆甫之
狀哉! 以此.

커다란 덕을 지닌 포용성이라야만 도(道)를 좇을 수
있다.

도라는 것은 오직 있는 듯 없는 듯하며, 형체도 없고,
그 어디에도 얽매임이 없다. 오직 이러한 속에서 형상
이 드러나고, 오직 이러한 속에서 만물이 생겨난다.

아득하고 심원하여서 알 수조차 없음이여, 그 속에

만물의 근원으로서의 정수(精髓)가 있다. 이 정수는 매우 참되어서 신실함이 있도다.

옛날부터 지금까지 그 이름은 사라지지를 않으니, 이를 통하여 이 세상 모든 것들의 비롯됨[衆甫]을 본다. 내어찌 이 만물이 비롯됨의 정황을 알리요, 바로 이를 통해서다.

1. 도(道)는 역시 사람의 앎 속에 한정되지 않는 존재다. 따라서 사람들의 오관(五官)에 의한 앎과 그것 위에서 이루어지는 구별을 뛰어넘어 일체를 포괄하는 포용성을 발휘할 때, 우리는 도에 다가갈 수 있다.

이를 불교에서 '깨달음'·'깨침'이라 한 것에 갖다 댈 수 있을 것이다. 불교에서는 범부(凡夫)의 허망한 분별을 떠나면 무분별지(無分別智), 즉 근본지(根本智)와 상응하게 되는데, 이를 진실한 지혜라 한다. 아울러 이러한 근본지에 이른 뒤에 얻는 지혜를 '후득지(後得智)'라 하는데, 이는 모든 분별이 끊어진 경지에 이른 뒤에, 다시 차별되는 현상을 있는 그대로 확연히 아는 지혜를 가리킨다. 즉 모든 번뇌와 망상이 끊어진 깨달음에 이른 뒤에 다시 온갖 차별을 명명백백하게 아는 지혜다. 여기에서 노자가 "커다란 덕을 지닌 포용성이라야만 도를 좇을 수 있다"라고 한 말을, 불교의 이러한 지혜관에 입각하여 이해할 수도 있을 것이다.

2. 이처럼 도(道)는 사람의 분별지로부터 초월해 있기에, 보통 사람으로서는 아득하고 심원하여서 알 수조차 없는 존재이지만, 그 신비한 차원 속에 만물의 근원으로서의 정수(精髓)가 있다는 것이다. 그래서 참되고 신실하다는 것이다. 이것에 의해 천지 만물이 비롯되어 생성된다는 것이다.

3. 인식할 수 없고, 개념으로 형성할 수 없고, 말로 표현할 수 없는 이 세계의 궁극적 근원자(道; 無名)는, 결과로서 드러난 것들, 즉 천지 만물을 근거로 미루어 짐작할 수밖에 없다는 것이다.

曲則全, 枉則直, 窪則盈, 敝則新, 少則得, 多則惑. 是以聖人
抱一爲天下式. 不自見, 故明; 不自是, 故彰; 不自伐, 故有
功; 不自矜, 故長. 夫唯不爭, 故天下莫能與之爭. 古之所謂
'曲則全'者, 豈虛言哉! 誠全而歸之.

　굽히면 온전해지고, 굽으면 곧아진다. 움푹 파이면
채워지고, 해지면 새로워진다.
　적으면 얻게 되고, 많으면 미혹된다. 그래서 성인
(聖人)은 '하나'를 껴안고서 온 세상 사람들의 본보기가
된다.
　자신의 밝음을 드러내지 않기 때문에 밝고, 자신이

옳다고 하지 않기 때문에 드러나며, 자신을 과시하지 않기 때문에 공(功)이 있고, 자신을 잘났다고 여기지 않기에 오래간다.

오직 싸우지 않는지라 이 세상 그 누구도 그와 싸울 수가 없다.

예로부터 '굽히면 온전해진다'라고 하였는데, 이 말이 어찌 빈말이겠는가! 진실로 온전히 보전하여 온 곳으로 돌아갈 수 있는 것이다.

해 설

1. 여기에서 노자는 '불자(不自)~' 논리의 구체적인 예들이 제시하고 있다. 노자는 여기에서 이를 처세(處世)의 철학으로까지 연결하고 있다. 자신을 보존할 수 있는 원리로서 제시하고 있는 것이다.

사람은 누구나 자기중심성을 가지고 있다. 즉 생존의 본능과 이를 채우기 위한 욕구가 작용하고 있다. 이 본능과 욕구의 주인공을 '기(己)'라고 하는데, 그 앞에 '자(自)' 자를 두어 '자기(自己)'라 한다. 이것은 자기 밖의 다른 존재들을 의식하지 않고 오로지 자신과 자신의 패거리들만을 위해서 작동하기에, 특별히 '사(私)'라는 말로 규정하여, 더불어 살아가는 이들과의 함께 공존공영(共存共榮)을 지향하는 '공(公)'과 대별시킨다. 이 '자기'의 사사로움에 집착하면 집착할수록 타자와의 공존의 장이 없어짐은 물론, 경우에 따라서는 역설적으로 자신의 보전조차 어렵게 된다.

유가에서든 도가에서든, 이것, 즉 '자기'의 사사로움에 집착함이 지닌 문제점을 알기에 이를 지양하고 극복하고자 한다. 구체적으로 유가에서는 이를 '극기(克己)', '수기(修己)'에 의해 해결하고자 한다. 그리고 '대공(大公)'과 함께 '무사(無私)'를 강조한다. 그런데 노자는 이를 '불자(不自)~'의 논리로 설파하고, 특히 역설(逆說)로써 이를 반증하고 있다. 바로 그것이 이 장에서도 여실하게 제시되어 있다.

2. 여기에서 굽힘[曲], 굽음[枉], 움푹 파임[窪], 해짐[敝] 등에는 '불자~'의 논리가 작동하고 있다. 이는 생존과 본능을 중심에 둔 자기중심성과는 반대로 작용함을 의미하기 때문이다. 노

자는 여기에서 이러한 처세 방식을 통해 자기의 멸절(滅絶)이 아니라 오히려 온전해짐[全], 곧아짐[直], 채워짐[盈], 새로워짐[新] 등을 얻는다고 하고 있다. 자기 보전과 좋아짐을 얻는다는 것이다.

나아가 노자는 이 '불자~' 논리의 궁극을 '하나를 껴안음[抱一]'이라는 말로 표현하고 있다. 자기라는 것이 없으므로 그에게서는 타자들이 구별됨 없이 하나로 환원되어버린 것이다. 이를 실현하고 있는 것이 바로 도(道)다. 우리가 이렇게 '불자~'의 원리로 살아갈 적에 결국은 자신의 생명을 온전히 보전하여 온 곳으로 돌아갈 수 있다는 것이 이 장의 취지다.

3. "성인(聖人)은 '하나'를 껴안고서 온 세상 사람들의 본보기가 된다"라고 함에서 '하나'는 도(道)를 상징하는 말이다. 이 도의 논리가 철저하게 '불자~'의 논리다. 구체적으로는 '굽힘[曲]'이다. 이것은 자기에 집착하며 드러내고자 하는 것들이 극도로 꺼리는 태도다. 그런데 노자는 여기에 도의 논리가 자리 잡고 있다고 보는 것이다.

'껴안고서'는 살아감의 원리로 삼는다는 의미다. 노자가 강조하는 성인은 바로 이러한 도를 살아감의 원리로 삼고 살아가기에, 진실로 자기 삶을 온전히 보전하여 온 곳으로 돌아갈 수 있다는 것이다.

4. 노자의 이 장을 바탕으로 해서 '위곡구전(委曲求全)', 또는 '곡전(曲全)'이라는 말이 나왔다. '위곡구전'에 대해서는, 1. 그럭저럭 양보하며 보전을 꾀하다, 2. 자기 의견을 굽혀 일을 성사시키려고 하다, 3. 일을 그르치지 않으려고 유연한 태도를 취하다 등의 의미로 풀이하고 있다. 그리고 '곡전(曲全)'에 대해서는, 1. 자기의 뜻을 굽혀 가며 성사시키다, 2. 그럭저럭 참고 좋도록 하다, 3. 일이 되게끔 양보하다 등의 의미로 풀이하고 있다.(다음 국어사전) 보기에 따라서는 좋지 않은 의미로 받아들여질 수 있는 풀이들이다.

1950~60년대에 사회주의 체제에 따라 새로운 중국을 건설할 적에, 당시 중국 철학자들은 노자의 이 '위곡구전(委曲求全)' 철학을 매우 못마땅해 했다. 소극적이고 비겁한 처세술이라는 의미에서다. 이러한 태도로써는 진취적이고 건설적인 행동을 낳을 수 없다는 것이다. 그들은 이 '위곡구전'의 사상이 종래 중국인들의 뇌리에 들어앉아 있었으니, 중국인들은 이렇게 행동하며 살아갈 수밖에 없었고, 그 결과 근대사에서 중

국이 서구에 먹히는 결과를 낳게 하였다고까지 깎아내렸다.

그러나 모든 것에는 긍정적인 면과 부정적인 면이 같이 존재한다. 그중에서 어떠한 의미를 취할 것인지는 각자의 선택에 달려 있다. 『노자』의 제22장에 드러난 이 철학에 대해서도 이러한 점은 마찬가지다.

제23장

—

希言自然. (故)飄風不終朝, 驟雨不終日. 孰爲此者? 天地. 天
地尙不能久, 而況於人乎? 故從事於道者, (道者)同於道, 德者
同於德, 失者同於失. 同於道者, 道亦樂得之; 同於德者, 德
亦樂得之; 同於失者, 失亦樂得之. 信不足焉, 有不信焉.

　희소한 말이라야 도(道)의 저절로 그러함을 드러낸다.

　거세게 부는 태풍은 하루아침을 가지 못하고, 세차게
내리는 폭우도 하루를 가지 못한다. 이들을 일으키는
이 누구이뇨, 하늘과 땅이다. 그런데 하늘과 땅조차 이
렇듯이 오래갈 수 없거늘, 하물며 사람에게서야!

　도를 따르는 이라야 도와 같아지고, 덕을 따르는 이

라야 덕과 같아진다. 잃어버림을 따르는 이는 잃어버
림에 같아진다.

　도와 같아진 이는 도도 즐겁게 얻고, 덕과 같아진 이
는 덕을 즐겁게 얻는다. 잃어버림과 같아진 이는 잃어
버림도 즐겁게 얻는다.

　신실함이 부족하기에 불신이 있는 것이다.

해 설

　1. '희소한 말[希言]'은 엄밀히 말하면 '말로 드러나지 않는
말'을 의미한다. '희(希)' 자가 의미하는 것은 사실 부정에 가깝
다. '없음[無]'에 가까운 것이다. 그러나 사람들의 의사소통 수
단은 말이므로 이와 관련짓되, 말로써는 도의 이 '저절로 그러
함[自然]'을 드러낼 수 없기에, 긍정과 부정을 동시에 의미하는
'희소한 말[希言]'로써 표현한 것이다. 여기에도 역설(逆說)의 논
리가 담겨 있다.

　2. 이 장에서는 이 세상에 존재하는 그 모든 것들이 시간

적으로 유한한 존재라 함을 말하고 있다. 우리 '애국가'에서 "동해 물과 백두산이 마르고 닳도록"이라 하여 마치 동해 물과 백두산은 영원할 것처럼 읊고 있지만, 노자는 여기에서 이 것들도 언젠가는 끝이 있는 존재임을 말하고 있다. 인간에게 전율을 일으키는 거센 태풍과 세찬 폭우, 이것들을 일으키는 하늘·땅에 모두 끝이 있다고 함이 그것이다.

그리하여 사람이 영원할 수 없는 존재라 한다면, 우리에게 자신의 것을 챙기며 집착할 것이 아니라, '내려놓아라!'라고 하는 말이 더욱 의미를 갖게 될 것이다. 자기 것을 챙기며 집착하는 동안 일으키는 문제들, 즉 똑같이 찰나를 사는 불완전한 존재로서의 사람들이 서로 자신의 것에 연연하며 일으키는 대립과 모순과 투쟁이, 우리를 힘들게 하기 때문이다. '아비규환(阿鼻叫喚)'과 '무간지옥(無間地獄)'은 이를 상징적으로 표현하는 말이다.

그러므로 이렇게 챙기고 집착하는 데서는 해답이 안 나온다. 오히려 그것들을 내려놓는 데서 문제 해결의 실마리가 풀리는 것이다. 노자가 이 장에서 설정하고 있는 것은 이러한 깨달음으로 우리를 이끌기 위한 전략과 지혜다.

3. 결국 답은 도처럼 살라는 것이 된다. 이는 영원하지 못하여 불완전한 존재인 사람의 짓거리, 즉 '있음[有]'의 차원[有事·有爲·有言 등]이 아니라 '없음[無]'의 차원[無事·無爲·無言 등]으로 우리를 업그레이드해야 함을 의미한다. 그 첫 단추는 결국 '불자(不自)~'로 꿸 수 있다.

이렇게 하여 결국 도처럼 살게 되면, 도와 같아지고, 덕과 같아지며, 심지어 자기 것을 잃어버림을 따르게 되어서는 그 잃어버림과도 같아진다는 것이다. '있음' 차원의 존재들이라면 자기를 중심에 놓고 혹시라도 자기 것을 잃어버리지나 않을까 전전긍긍(戰戰兢兢) 하는 것이 인지상정(人之常情)이다. 그런데 도의 원리인 '불자(不自)~'의 원리대로 살아감으로써 도와 같아진 사람은, 도도 즐겁게 얻고, 덕과 같아져서는 덕도 즐겁게 얻으며, 심지어 잃어버림과 같아져서는 잃어버림도 즐겁게 얻는다는 것이다. 여기에서 우리는 노자 철학의 차원 높은 가르침을 확인할 수 있다.

제24장

—

企者不立, 跨者不行. 自見者不明, 自是者不彰, 自伐者無功, 自矜者不長. 其在道也, 曰餘食贅行, 物或惡之, 故有道者 不處.

남보다 높이 보겠다고 하여 발끝으로 서면 오히려 오래 서 있지 못하고, 남을 앞서겠다고 하여 성큼성큼 걸어서는 오히려 오래가지 못한다.

자기중심적으로만 보는 사람은 분명하게 보지 못하고, 자기만 옳다고 하는 사람은 남들에게서 존경받는 이로 드러나지 못하며, 자기를 과시하는 사람은 공훈을 세울 수가 없다. 또 자기가 잘났다고 하며 자기를 추켜

세우는 사람은 우두머리가 될 수 없다.

도(道)의 관점에서 보면, 이렇듯 자기중심적으로 나대는 것들은, 한갓 먹다 남은 밥이나 쓸데없는 행동에 지나지 않는다.

이러한 짓들은 남들에게서 혐오감을 일으킬 수 있으므로, 도를 체득한 이들은 절대로 이렇게 행동하지 않는다.

해 설

1. 여기에서도 강조하는 것은 결국 '불자(不自)~'의 논리다. 노자는 자기중심적으로 나대는 인간의 행위를 도(道)의 관점, 즉 이 '불자~'의 논리에 갖다 대고는 여지없이 무너뜨리고 있다. '먹다 남은 밥'이나 '쓸데없는 행동'이라 함이 그것이다. 따지고 보면 생존과 본능에 불과한 '자기'와 그 '사사로움'을 진실하고 영원하다고 여기며 남들에 앞서려고 하는 행동, 즉 권세와 지위를 탐하고 추구하는 행위가 근본적으로 해결책이

되기는커녕 자신의 생명을 갉아먹는 짓일 뿐이다. 그런데도 사람은 그 미망(迷妄)을 떨쳐 버리지 못한 채 불나방이 불을 향해 돌진하는 것처럼 자기중심적으로 행동하니, 결국은 불에 타죽는 불나방의 신세로 끝나고 만다.

이를 탈피하기 위한 지혜로서 가르침을 주고 있는 것이 바로 '불자~'의 논리다. 도는 이 논리에 따르기 때문에 영원한 것이며, 이에 비해 자기중심적으로 나대는 사람의 자기중심적 행위는 아무리 뛰어나 보이아야 도(道)의 관점에서 보면 한갓 '먹다 남은 밥'이나 '쓸데없는 행동'에 지나지 않는다는 것이다.

2. 여기에서도 우리는 역설(逆說)을 확인할 수 있다. 말하자면, '있음[有]'의 차원에 머무는 존재가 자기를 위해서, 자기의 생존과 그 유지 체제인 본능을 위해서, 최대한의 노력을 다하고, 그래서 설사 불세출의 실적을 얻는다고 할지라도, 도(道)의 관점에서 보면 그것은 한갓 '먹다 남은 밥'이나 '쓸데없는 행동'에 지나지 않는다는 것이다. 오히려 자기를 버리는 '불자(不自)~'의 원리를 따를 적에 도의 영원함을 얻을 수 있다는 것이다.

제25장

有物混成, 先天地生. 寂兮寥兮, 獨立不改, 周行而不殆, 可
以爲天下母. 吾不知其名, 强字之曰道, 强爲之名曰大. 大
曰逝, 逝曰遠, 遠曰反. 故道大, 天大, 地大, 王[人]亦大. 域中
有四大, 而王[人]居其一焉. 王[人]法地, 地法天, 天法道, 道法
自然.

무엇인가 뒤섞인 채 천지보다 앞서 생겨서 존재하는
것이 있다.

들어보려 해도 어떤 소리로도 들리지 않고, 보려 해
도 어떤 형체로도 보이지 않을 만큼 적적하고 휑한데,
그 어떤 것에도 의지하지 않은 채 홀로 서서 바꾸지 않고 그대로 돌아가는구나. 두루 행하면서도 위태롭지 않을 만큼 영원하다. 그래서 이 세상의 어머니가 될 수 있다.

나는 그 이름을 모르나니, 억지로 '도(道)'라 자(字)를 붙이고, 억지로 '크다'라 이름을 붙인다. 이렇게 크니 쉼 없이 나아갈 수 있고, 쉼 없이 나아가니 아득히 나아가며, 아득히 나아가다가는 또한 되돌아오고는 한다.

그러므로 도가 크고, 하늘이 크고, 땅이 크고, 왕[사람]도 크다.

우주 간에는 이렇듯 네 가지 큰 것이 있는데, 왕[사람]이 그 가운데 하나를 차지한다. 왕[사람]은 땅을 본받고, 땅은 하늘을 본받고, 하늘은 도를 본받는데, 도는 저절로 그러함[自然]을 본받는다.

해 설

1. 이 구절은 도(道)와 이 세계에 관해 서술한 것으로서 인

구(人口)에 회자(膾炙)되는 유명한 구절이다. "무엇인가 뒤섞인 채 천지보다 앞서 생겨서 존재하는 것이 있다"라는 것은 도가 이 세상 모든 것들의 근원임을 언명(言明)하는 것이다. 왕필은 이에 대해, "모든 것들이 뒤섞여 있어서 인간의 인식능력으로는 알 수가 없는데, 이 세상 모든 것들이 이로 말미암아서 이루어진다. 그래서 '모든 것들이 뒤섞여 있다'라고 하는 것이다. 그런데 사람의 인식능력으로써는 이것이 누구의 자식인 줄을 모르기 때문에 '천지보다 앞서 생겨서 존재하는 것이 있다'고 하는 것이다"[16]라고 풀이하고 있다.

누구의 자식인 줄을 모른다는 것은 이것, 즉 도를 낳은 존재, 이 도를 존재케 한 더 근원적인 존재를 알 수 없다는 의미다. 이 말은 곧 이것 이외에 다른 존재, 즉 제3의 존재를 필요로 하지 않는다는 의미가 된다. 도가 이 세계의 궁극적 근원자라는 것이다.

2. '들어보려 해도 어떤 소리로도 들리지 않고 보려 해도 어떤 형체로도 보이지 않을 만큼 적적하고 휑한데'라는 말은

---

16 混然不可得而知, 而萬物由之以成, 故曰混成也; 不知其誰之子, 故先天地生.

도가 사람의 인식 기관에 의한 인식 너머에 있음을 의미한다. 즉 우리의 인식 기관을 통해서는 이 도를 인식할 수 없다는 것이다. 그러므로 사람으로서는 이에 대해서 개념조차 형성할 수 없고, 이에 대한 개념이 없으므로 이것을 말로써 표현할 수 없다. 그래서 그저 "나는 그 이름을 모르나니, 억지로 '도(道)'라고 자(字)를 붙이고, 억지로 '크다'라 이름을 붙인다"라고 말할 수밖에 없는 것이다.

3. 그렇다면 이것, 즉 도는 전혀 없는 것인가 하면, 그렇지는 않다는 것이다. 이 세상에는 온갖 것들이 존재하는데, 이것들 각자로부터는 그 존재의 궁극적 근원이나 비롯함을 끌어낼 수 없고, 어디까지나 그 궁극의 원인은 이것, 즉 '도'라고 할 수밖에 없다는 의미다.

자신의 한정된 시공간에서만 존재하는 이 세상 만물에게서는 그 궁극적 근원이나 비롯함을 말할 수가 없다. 이것들이 그 시공간 밖에는 영향을 미칠 수가 없을 뿐만 아니라, 자신이 존재하기 위해서는 제3의 존재를 필요로 하기 때문이다. 즉 천지 만물에게는 부모가 있어야 하는 것이고, 그 몸을 만들기 위해서는 그 이전에 재료가 있어야 하는 것이며, 그것으로 만들기 위해서는 그 원리가 있어야 하는 것이다.

　그런데 도는 그렇지 않다. 이 모든 것으로부터 초월해 있는 것이다. 그래서 노자는 여기에서 "그 어떤 것에도 의지하지 않은 채 홀로 서서 바꾸지 않고 그대로 돌아가는구나. 두루 행하면서도 위태롭지 않을 만큼 영원하다. 그래서 이 세상의 어머니가 될 수 있다"라 하여 이 세상 만물의 궁극적 근원인 도를 말하고 있다. 우리 인간의 차원에서 볼 적에, 이 도는 제3의 존재로부터 비롯되는 것이 아니라 자기 원인자이고, 그의 소산인 이 세상 만물이 명멸하며 끊임없이 지속됨은 이들의 궁극적 원인이자 비롯함의 근원인 이 도가 영원한 것임을 보증한다는 의미다.

　4. "왕[사람]은 땅을 본받고, 땅은 하늘을 본받고, 하늘은 도를 본받는데, 도는 저절로 그러함[自然]을 본받는다"는 것 역시 도가 궁극적인 자기 원인자임을 언명하는 것이다. '저절로 그러함[自然]'이라는 말이 이를 드러낸다. 왕[사람]·땅·하늘이 도의 이러함을 본받는다는 것은 사람에게 인위(人爲)를 버릴 것을 강조하는 말이다.

　앞에서도 말했다시피, 유가에서는 인위에 의해서 사람들

의 세상을 짐승들의 그것에 비해 빛나는 것[人文]으로 하려고 한다. 유가는 이것이 사람의 불완전함을 근본적으로 해소해 줄 수 있는 방식이라 여기는 것이다. 그래서 이들은 인위의 정점(頂點)에 성인(聖人)을 놓고, 그들이 제정한 예악(禮樂)이나, 나아가 사덕(四德)·오상(五常) 등에 의해 사람 세상을 잘 꾸리고 운용해 가려 한다. 이 모든 것이 인위(人爲)에 해당한다.

그러나 노자는 이러한 방식의 이면에 깔린 문제점을 파악하고서는, 이러한 인위가 아닌 '저절로 그러함[自然]'이라는 방식을 설파하는 것이다. 이것이 도의 방식이자 양상이며, 왕[사람]·땅·하늘은 이를 본받는다는 것이다.

제26장

—

重爲輕根, 靜爲躁君, 是以聖人[君子]終日行不離輜重, 雖有榮觀, 燕處超然. 柰何萬乘之主, 而以身輕天下, 輕則失本, 躁則失君.

　무거운 것이 가벼운 것의 근본이 되고, 고요함은 바스댐[움직임]을 통제한다. 그러하기에 성인[군자]은 종일토록 길을 가더라도 무거움으로부터 벗어나지 않고, 비록 궁궐에 있다고 할지라도 한가롭고 초연하게 지낸다.

　어찌하여 큰 나라의 군주가 되어서 자신 때문에 세상 사람들을 가벼이 여기겠는가. 가벼이 여기면 근본을

잃어버리게 되고, 바스대면 임금의 자리를 잃어버리게
된다.

1. 여기에서 무거운 것[重]·고요한 것[靜]은 도(道), 또는 도가
하는 양상을 상징하고, 가벼운 것[輕]·바스대는 것[躁]은 도의
소산으로서 현상 사물이나 이것들이 드러내는 양상을 상징한
다고 할 수 있다. '무거운 것이 가벼운 것의 근본이 되고, 고요
함은 바스댐[움직임]을 통제하는 존재'라고 하는 말속에서 이를
확인할 수 있다.

무거운 것·고요한 것은 인간의 인식 기관에 포착이 안 됨
에 비해, 가벼운 것·바스대는 것은 인식 기관에 포착되고 파
악됨을 함의한다. 지금까지의 논의들에서 일관되듯이 이 세
상의 근원이며 모든 것들을 주재하는 절대적 존재로서의 도
는 인간의 인식 기관에 포착·파악되지 않기 때문에 그 개념
이 인간들에게서 형성될 수가 없고, 그러므로 인간들에게는

그것을 드러내는 어휘가 있을 수 없다. 기껏 여기에서처럼 '무거움'이나 '고요함'이라는 추상적인 어휘로 표현할 수밖에 없다. 이에 비해 가벼운 것들은 계량화할 수 있고, 바스대는 것들은 그 형체를 감지할 수 있다. 인간의 인식 범위 속에 있는 것이다. 즉 '있음[有]'의 차원에 있는 것이다.

그런데 여기에서 말하는 '무거운 것'은 단순히 가벼운 것들의 대(對)가 되는 것이 아니라, 무게에서의 무한 확장성을 갖는다. 인간의 저울로는 잴 수 없는 차원에 존재한다는 의미를 담고 있는 것이다. 고요함도 마찬가지다. 인간의 듣기 능력 속에 들어오지 않는다는 부정적 의미를 함의하고 있는 것이 바로 고요함이다. 즉 '없음[無]'의 차원에 있는 것이다.

2. 노자는 여기에서 무거운 것[重]·고요한 것[靜]을 사람 세상, 즉 인류 공동체에서 가장 이상적인 인물인 성인(聖人), 또는 군자의 행동 양상으로서 강조하고 있다. 그리고 노자는 나아가 이들의 행동 양상을 사람 세상의 우두머리[主·君]의 행동 양상으로까지 강조한다. 이는 결국 성인(聖人)들의 '유위(有爲)'에 의한 다스림을 강조하는 유가에 대한 반박과 대안으로서 '무위(無爲)'의 통치를 강조하는 것이라 할 수 있다. 여기에서

우리는 노자의 허정(虛靜) 사상을 확인하게 된다.

3. 논리적으로도 사람 세상의 우두머리[主·君]가 현상 사물들의 행동 양상인 가벼움·바스댐을 드러낸다면, 이는 그가 부분이자 특수 차원의 존재에 머물 수밖에 없음을 의미한다. 이렇게 되면 결코 자신의 공동체 구성원들 전체를 포괄하지 못하게 된다. 그 결과 군주로서는 위태로운 상황을 초래하게 될 수도 있다. 그래서 노자는 여기에서 "가벼이 여기면 근본을 잃어버리게 되고, 바스대면 임금의 자리를 잃어버리게 된다"라는 점을 강조하고 있다. 이로부터 우리는 노자의 철학에 입각한 통치자의 다스림과 처세 및 몸가짐의 원리를 연역할 수 있다.

4. 노자의 이 사상이 법가 사상가인 한비자의 정치사상에 미친 영향은 자못 컸다. 한비자는, 만물에게 갖는 도의 위상을 군주와 신하 사이에 투영하여, 도가 만물에게 하는 방식, 즉 무위(無爲)와 허정(虛靜)으로써 군주가 신하들을 대하면, 제대로 된 통치를 할 수 있으리라고 주장했다. 한비자는 이 허정과 무위의 구체적 방안으로서, 군주가 특정한 직무를 수행하지 않음[無事]·욕구를 드러내지 않음[無欲]·의지나 의도를 드

러내지 않음[無意]·좋고 나쁨의 감정을 드러내지 않음[去好去惡]·이전부터 해 오던 방식이나 자신의 지혜를 버림[去舊去智] 등을 제시하였다. 이렇게 군주가 자신을 드러내지 않으면서, 신하들이 이룩한 업적을 그 직책과 대조하여 신상필벌(信賞必罰)을 엄격하게 시행하는 방식[形名參同]으로 대하면, 신하들은 군주의 속내를 몰라서 전전긍긍하며 최선을 다해 자기 임무를 수행해 내게 된다고 하였다.(『韓非子』,「主道」) 이 정책을 그대로 시행하여 효과를 본 사람이 진시황이다. 진시황은 이 정책의 효과를 극대화하며 부국강병에 성공하였고, 중원을 통일하여 중국 최초의 황제가 될 수 있었다.

제27장

─

善行, 無轍迹; 善言, 無瑕謫; 善數, 不用籌策; 善閉, 無關楗
而不可開; 善結, 無繩約而不可解. 是以聖人常善救人, 故無
棄人; 常善救物, 故無棄物. 是謂襲明. 故善人者, 不善人之
師; 不善人者, 善人之資. 不貴其師, 不愛其資, 雖智大迷, 是
謂要妙.

잘 간 것은 지나간 자취가 없고, 훌륭한 말은 트집잡
힐 것이 없다. 계산을 잘하는 이는 셈대[주판]를 사용하
지 않는다.

문을 잘 걸어 잠그는 이는 굳이 자물쇠로 잠그지 않
더라도 열 수가 없게 한다. 또 매듭을 잘 짓는 이는 굳

이 노끈으로 묶지 않더라도 풀 수가 없게 한다.

이렇게 하기에 성인은 늘 사람들을 잘 구제하는지라 그래서 버리는 사람이 없다. 그리고 물(物)들을 잘 구제 하는지라 그래서 물(物)들을 버림이 없다. 이를 '받아들여 속에서 밝음[襲明]'이라 한다.

그러므로 착한 사람은 착하지 않은 사람의 스승이 되고, 착하지 않은 사람은 착한 사람의 거울이 된다.(반면교사가 된다.) 그 스승을 귀하게 여기지 않고, 그 거울을 아끼지 않는다면, 스스로는 지혜롭다고 할지 모르나 크게 미혹된 것이다. 이를 '오묘한 도리'라 한다.

해 설

1. 여기에서 말하는 '자취'·'트집'·'셈대[주판]'·'자물쇠'·'노끈' 등은 모두 유한한 것이고, 논리적으로는 특수한 것이며, 그러므로 사람의 인식 기관에 파악되는 것들이다. 우선 유한한 존재로서의 인간들은 '자취'·'트집'으로부터 자유로울 수가

없다. 즉 유한한 존재들은 어디를 가는 데서 지나간 자취를 남기지 않을 수 없다. 또 자기의 주장이나 생각을 말로 표현하면 아무리 논리정연하게 개진한다고 할지라도 트집을 잡으려 하는 이들로서는 거기에서 트집거리를 잡아내기 일쑤다. 지금 우리나라의 정치 지형에서 이전투구(泥田鬪狗)처럼 진행되고 있는 양 진영 사이의 언쟁들을 보라. 이 점이 명약관화(明若觀火)하지 않은가. 그뿐만 아니라 인류의 과학사를 보면, 진리로 인정받던 것들이 무너지고 그 자리를 새로운 진리들이 대체하면서 진행되어 오고 있다.

또 사람은 '셈대[주판]'·'자물쇠'·'노끈' 등을 이기(利器)로서 사용하지만, 이것들은 모두 제 한계를 넘지 못한다. 즉 이러한 이기(利器)들은 그 기능을 수행함과 동시에 한계를 지닌 것이어서 그 한계를 벗어난 것들에 대해서는 제 기능을 발휘하지 못하는 것이다. 예컨대 셈대[주판]는 그 셈대[주판]가 다룰 수 있는 한계 안의 것만 연산할 수가 있다. 설령 그 한계를 넓히고 넓힌다고 할지라도 여전히 한계 속에 있음은 물론이다. 이는 슈퍼컴퓨터를 보면 확연하다. 이 슈퍼컴퓨터는 과거 셈대[주판]를 사용하던 이들이 상상할 수 없을 정도로 그 한계를 넓혀 놓은 것이 사실이지만, 이것 역시 여전히 한계를 갖는 것임은 어쩔 수 없다. 그뿐인가, 어떠한 자물쇠나 암호도 다 풀리며, 노끈을 사용해서 아무리 난마처럼 얽어매도 다 풀릴 수 있게 되어 있다. 즉 이것들은 제 기능을 발휘함 속에다 바로 그 제 기능을 해체할 수 있는 것을 담고 있는 것이다. 이것은 유한한 것들이 담고 있는 숙명이다. 여기에서 우리는 역설(逆說)을 발견하게 된다.

2. 바로 이러하기에 노자는 여기에서 성인(聖人)을 내세우며 '자취'·'트집'·'셈대[주판]'·'자물쇠'·'노끈' 등을 초월한 차원과 수준을 말하고 있다. 지나간 자취를 남기지 않으며 가는 것이나 트집잡힐 것이 없이 하는 말은, 그 자취와 말을 초월한 것이다. 그리고 셈대[주판]를 사용하지 않음, 자물쇠로 잠그지 않음, 노끈으로 묶지 않음 등은 셈대[주판]·자물쇠·노끈 등을 해체한 차원과 수준에서 이들이 지닌 기능을 수행함을 의미한다. 그래서 모든 사람과 물(物)들을 구제하지 않으며 버리지 않는다는 것인데, 이렇게 해야 남김없이 모두를 포괄·포용한다는 의미다. 바로 역설(逆說)의 논리다.

그러므로 노자는, 유가의 유위 논리로는 그것이 아무리 정치(精緻)하다고 할지라도 한계를 지닐 수밖에 없음에 비해, 자신이 강조하는 무위(無爲)의 논리라야 모든 것들을 남김없이 포괄·포용할 수 있다고 하는 것이다. 유가의 유위 논리에서는 대립과 투쟁, 증오를 낳음이 필연임에 비해, 자신의 무위 논리에 의하면 모든 사람과 물(物)들을 구제하며 버리지 않는다고 한다.

3. 착한 사람은 착하지 않은 사람의 스승이 된다, 착하지 않은 사람은 착한 사람의 거울이 된다는 것은, 착한 것들과 착하지 않은 것들이 어느 것도 배척되거나 버려지지 않고 모두 다 포괄·포용의 장(場)으로 환원된다고 함을 의미한다. 그래서 노자는 여기에서 모두 귀하게 여겨야 하고, 아껴야 할 것이라며 강조하고 있다.

이러함은 '있음[有]·유위(有爲)의 논리에서는 결코 가능할 수 없다. 이들 논리에서는 착함과 착하지 않음은 양립 가능하지 않고 서로 배척하기 때문이다. '귀하게 여기지 않음[不貴]'·'아끼지 않음[不愛]' 등의 함의가 바로 이것이다. '있음[有]·유위(有爲)의 논리에 서는 한, 이렇게 함은 필연의 귀결이다.

노자는 이렇게 해서는 안 된다고 보는 것이다. 그래서 '있음[有]·유위(有爲)의 논리에 서서 구별하며 올바름[正]의 차원으로 환원하려 하는 것이, 스스로는 지혜롭다고 할지 모르나 실제로는 크게 미혹된 것이라 하고 있다. 이 논리에서는 배척과 대립을 불러옴이 필연의 귀결이기 때문이다. 이렇게 해서는 문제의 궁극적 해결이 결코 가능하지 않을 것이다. 노자는 여기에서 이 차원과 수준을 벗어나 '없음[無]·무위(無爲)의 논리에 입각하여야만, 무한량의 포괄·포용이 가능하다고 하고 있다. 이것이 역설(逆說)이기 때문에, 노자는 이를 '오묘한 도리[要妙]'라는 말로 표현하고 있다.

━

제28장

知其雄, 守其雌, 爲天下谿. 爲天下谿, 常德不離, 復歸於嬰
兒. 知其白, 守其黑, 爲天下式. 爲天下式, 常德不忒, 復歸於
無極. 知其榮, 守其辱, 爲天下谷. 爲天下谷, 常德乃足, 復歸
於樸. 樸散則爲器. 聖人用之, 則爲官長, 故大制不割.

　수컷이 무엇인지를 알고서 암컷다움을 지키면 천하
의 모든 것들이 귀결하는 골짜기가 된다. 천하의 골짜
기가 되면 한결같은 덕을 여의지 않고 젖먹이[嬰兒]로 돌
아간다.

　흼[白]이 무엇인지를 알고서 검음[黑]을 지킨다면 모든
사람의 본보기가 된다. 이 세상 모든 사람의 본보기가

되면 한결같은 덕이 어기어지지를 않고 무극으로 돌아
가게 된다.

영예로움이 무엇인지를 알고서 치욕스러움[치욕스러운
지위]을 지킨다면 온 세상 사람들이 귀결하는 골짜기가
된다. 온 세상 사람들이 귀결하는 골짜기가 되면, 한결
같은 덕이 충족되리니 질박함으로 돌아가게 된다.

질박한 것이 흩어지면 기물이 된다. 성인은 이것들을
사용하여서 훌륭하게 통제하는데, 그러므로 거대한 통
제는 온 세상 사람들의 마음을 제 마음으로 삼으며 나
누지 않는다.

해 설

1. 여기에서 노자가 다루고 있는 것은 '있음[有]'의 논리와
그것에 의해 구별되고 차별이 이루어지며 서열이 있는 세계
에 있는 것들과, 그것으로부터 초월한 세계에 있는 것들과의
대비다. '있음[有]'의 논리는 유한 차원에서 성립하는 것이다.

'유한'과 '무한'을 가르는 것은 인간의 인식능력이다. 그래서 이 '있음[有]'의 논리는 인간의 인식능력 밖의 세계, 즉 무한의 세계를 끌어들이게 되면 여지없이 무너져 버리고 마는 논리다. 이처럼 '있음'의 논리는 근본적으로 유보적이라 할 수 있다. 일정한 한계와 전제 속에서만 성립한다는 문제점을 지닌 것이다.

이 '있음[有]'의 논리에 입각하여 구별하고 차별하며 서열에 의한 계급이 이루어지는 세계에서는 수컷·흼[白]·영예로움이 주류가 되고 작동하며 추구의 대상이 된다. 그 결과 여기에서는 배제와 소외가 자연스럽게 이루어진다. 이른바 '계급 모순'이 저절로 발생할 수밖에 없다. 그래서 이 논리와 이것들에 의해서는 인류가 지닌 문제를 궁극적으로 해결할 수가 없다.

이에 노자가 제시하는 것이 바로 '없음[無]'의 세계를 전제로 한 논리다. 수컷에 대해서 암컷, 흼[白]에 대해서 검음[黑], 영예로움에 대해서 치욕스러움은 '있음[有]'의 논리가 해소된 차원에 있는 것들이다. 이제 이에 대해 좀 더 설명해 보고자 한다.

수컷은 드러남을 상징한다. 생식기도 돌출되어 있고, 발산을 지향한다. 그래서 이것은 '있음[有]'의 논리를 타고 있고, 유한의 세계에서 주류를 차지한다. 수컷이 의미하고 상징하는 것은 힘이 세다는 것이다. 이것은 근본적으로 드러남을 바탕으로 한다. 이것이 바로 유한성을 반영한다. 이 드러남은 구별을 야기하고 서열 매김을 가능하게 하며 부추기게 한다. 즉 힘이 센 것이 주류를 이루고 세상을 경영하는 데서 주도권을 쥐게 된다. 과거 농경사회에서는 이들이 세상의 기간(基幹)이고 기득권을 장악하였다. 유가(儒家)의 논리도 바로 이를 바탕으로 하고 있다.

이 수컷이 상징하는 세계에서는 필연코 계급 모순이 발생하게 되며 배제와 소외가 발생하게 된다. 그 결과 지금 우리 사회에서 우리가 실컷 접하며 넌더리를 떨게 되는 현상이 발생할 수밖에 없다. 노자가 여기에서 '수컷이 무엇인지를 알고[知其雄]'라 한 것에는, 수컷이 상징하는 이 모순과 병폐 현상을 알라는 의미가 담겨 있다.

이에 비해 암컷은 드러나지 않음을 상징한다. 생식기도 돌출과는 반대 모양으로 되어 있고 받아들임, 즉 수렴을 지향한다. 그래서 노자는 여기에서 이를 골짜기[谿]로써 은유하고 있다. 이 암컷의 논리는 드러나지 않기 때문에 이것에 의해서는 구별에 의한 나눔이나 서열화 등이 불가능하다. 이에 의할진 대 배제와 소외 자체가 원천적으로 불가능하게 되어 있다. 따라서 무한량의 포용과 포괄이 가능하다. 여기에서는 '없음[無]'의 논리가 작동한다. 바로 도(道)의 차원이요 논리다.

노자가 여기에서 "암컷다움을 지키면 천하의 모든 것들이 귀결하는 골짜기가 된다. 천하의 골짜기가 되면 한결같은 덕을 여의지 않고 젖먹이로 돌아간다"라고 함에는 이러한 의미가 들어 있다. '한결같은 덕[常德]'은 언제 어느 상황에서나 의미를 갖는 덕이다. 이러하기 위해서는 필연코 무한 차원과 '없음[無]'의 논리에 서 있어야만 한다. 이에 비해 '한결같지 않은 덕[不常德]'은 부분적으로 제한된 상황에서만 성립하는 덕이다. 즉 유한의 차원에서 성립하는 '있음[有]'의 논리가 반영되는 것이다. 그런데 암컷다움을 지키는 상징적인 존재로서 제시되고 있는 '젖먹이[嬰兒]'는 바로 무한 차원의 존재를 상징한다고 할 수 있다.

흼[白]은 밝은 태양[白(日)] 아래 드러나는 세계를 말한다. 그래서 이것이 작동하는 세계에서는 유한이 의미를 가지며, 그에 따라서 구별 지음과 나눔, 서열화를 가능하게 한다. 이 차원과 논리에서는 모두들 영예를 지양함이 당연한 귀결이다. 즉 이 세계에서는 부귀공명(富貴功名)이 추구의 정점에 있는 것이다. 그러므로 이 세계에서는 필연코 배제와 소외를 바탕으로 하는 계급 모순이 발생하게 된다.

이에 비해서 검음[黑]은 태양[白(日)]이 사라진 상황을 상징한다. 모든 것이 어둠의 검음 속으로 함몰해 버린 상황이요, 이러한 세계다. 따라서 여기에서는 드러남이 원천적으로 불가능하며, 덩달아 구별 지음과 나눔, 서열화도 이루어질 수가 없다. 노자는 이를 '무극(無極)'이라는 말로 표현하고 있다. 이 무극의 차원과 논리에서는 흼[白]이 상징하는 세계에서 의미가 있는 것들이 원천적으로 성립할 수가 없다. 아울러 영예로움을 추구함 또한 의미를 잃게 된다. 구별과 차별, 유한성이 무극, 즉 아무런 극(極)도 없는 장(場)으로 함몰하여 버렸기 때문이다.

노자는 여기에서 영예와는 반대에 있는 치욕을 거론하며, 영예를 추구함에 함몰하지 말 것을 경계하고 있다. 영예보다는 차라리 치욕스러움을 추구하는 데서는, 흼[白]의 논리를 타고 영예를 추구하다가 초래하는 모순 현상도 덩달아 사라진다. 그리고 이들이 설 자리를 잃은 곳에서 '한결같은 덕[常德]'이 작동하게 된다. 그래서 모든 것들을 무한량으로 포괄하고 포용하게 된다. 이를 노자는 다시 '골짜기[谿]'라는 말로 유비하고 있는 것이다.

2. 동아시아의 문헌, 아니 전 세계를 통틀어서라도 '무극(無極)'이라는 말이 처음 등장하는 곳이 바로 이곳이다. 이 '무극'은 '없음[無]'의 논리, 즉 부정(否定, negation)의 논리를 대변한다. 이는 '있음[有]'의 논리를 타고 있는 것들의 유한성이 모두 함몰되어버림을 의미하는 것이라 할 수도 있다. 인간의 인식능력을 초월한 차원의 존재에 대해서는 인간의 인식능력이 원천적으로 작동할 수 없다. 그러므로 인간의 인식으로써는 구별할 수도 없고, 규정할 수도 없어서 '있다'고 할 수가 없다. 그 범위조차 가늠할 수 없다. 그래서 '무극'인 것이다. '극(極)', 즉 한계가 없다는 것이기 때문이다.

이 '무극'은 노자의 철학을 대변하는 말이라 할 수 있다. '없음[無]'의 논리를 함축적으로 드러내고 있기 때문이다. 이후 동아시아에서 노자의 철학을 받아들여 도교라는 종교로 나아갔을 때도 이 '무극'은 중요한 의미를 지닌다. 이 이름을 빌린 '무극도(無極圖)'는 도교 수련의 과정을 도식으로 나타낸 것으로서 유명하다.

3. '질박함[樸]'은 '꾸밈[文]'과 대척점에 있는 것이다. 이는 '타고난 그대로', '생긴 그대로'를 의미한다고 할 수 있다. '저절로 그러함[自然]'과 조응(照應)하는 말이기도 하다. 인간의 손길[人爲]을 전혀 가하지 않은 것이다[無爲]. '꾸밈'은 인간이 하는 것이기 때문에 이를 '인문(人文)'이라고도 한다. 그런데 노자는 '인문'에 의한 사람 세상 다스림에는 문제가 있는 것으로 보고 여기에서 '질박함'에 의해 다스릴 것을 강조하고 있다.

유가는 사람 세상을 제대로 돌리기 위해서, 즉 공동체 구성원 모두에게 살맛 나는 세상으로 가꾼다는 미명에서, 반드시 사람의 손길을 더해야 한다고 본다. 그것이 인위(人爲)이고, 인도(人道)다. 유가에서는 사람이 손길을 가하지 않은 '타고난 그대로', '생긴 그대로'를 '야(野)'라는 말로 표현하며 '만(蠻)'이라는 말과 연결지어 '야만(野蠻)'이라고도 한다. 그대로 두면 구성원들의 욕구와 본능만 작동하게 되어 공동체가 무너진다고 보고, 여기에 사람 중에서 가장 이상적인 사람을 상징하는 성인(聖人)이 제정하였다는 인위(人爲)를 더해야 한다고 본다. 그

것이 곧 예악(禮樂)이고, 사덕(四德)이며, 오상(五常)·오륜(五倫)이다. 유가는 이것들에 의해서 사람 세상이 동물들의 집단과는 달리 살맛 나는 차원 높은 것이 된다고 본다. 그리고 이를 '인문(人文)'이라는 말로 정의한다.

이 '인문'에서는 '있음[有]'의 논리가 작동하여 구별과 나눔, 차별이 필연적으로 드러난다. 그 결과 배제와 소외가 발생하며, 계급 모순이 일어나게 됨은 어쩔 수 없다. 노자는 이에 비해 '질박함[樸]'을 끌어들여서 사람 세상을 다스리게 되면 구성원 모두가 '타고난 그대로', '생긴 그대로' 참여하며 하나가 된다고 보는 것이다. 이 장의 끄트머리에 "성인(聖人)은 이것[樸]들을 사용하여서 훌륭하게 통제하는데, 그러므로 거대한 통제는 온 세상 사람들의 마음을 제 마음으로 삼으며 나누지 않는다"라고 함에는 바로 이러한 의미가 담겨 있다.

4. 그런데 여기에서 한 가지 짚고 넘어갈 점이 있다. 요즘 우리 사회에서 이른바 '페미'라 불리는 현상과 이를 주장하는 진영이 지닌 문제점이다. 아마 이 말은 '페미니즘(feminism)'이라는 말에서 유래한 것 같다. 이 '페미니즘'에 대해 『문학비평용어사전』에서는 다음과 같이 말하고 있다.

페미니즘은 '여성의 특질을 갖추고 있는 것'이라는 뜻을 지닌 라틴어 '페미나(femina)'에서 파생한 말로서, 성 차별적이고 남성 중심적인 시각 때문에 여성이 억압받는 현실에 저항하는 여성해방 이데올로기를 말한다. 여성을 여성 자체가 아니라 남성이 아닌 성 혹은 결함 있는 남성으로 간주함으로써 야기되는 여성문제에 주목하면서 올바른 전망을 제시하려는 일련의 움직임을 포함한다. 즉 여성을 억압하는 객관적 현실을 올바르게 파악하고 그 해결을 모색하는 것, 남성 특유의 사회적 경험과 지각 방식을 보편적인 것으로 표준화하려는 태도를 근절시키는 것, 스스로 억압받는다고 느끼는 여성들의 관심사를 체계적으로 이해하려는 것, 여성적인 것의 특수성이나 정당한 차이를 정립하고자 하는 것 등이 페미니즘의 목적이다. 때문에 페미니즘에서 문제 삼는 것은 생물학적인 성(sex)이 아니라 사회적인 성(gender)이다.[17]

17 [네이버 지식백과] 페미니즘[Feminism] (문학비평용어사전, 2006. 1. 30., 한국문학평

우리 사회에서 이 페미니즘을 극단으로 몰고 가고 있는 진영이 이른바 '메갈리아(Megalia)'와 '워마드(Womad)'였다. 이들은 극도의 남성 혐오와 여성우월주의를 주장하고 있다. '한남충(韓男蟲)'이라는 용어로써, 우리 역사상 위대했던 남성들도 모두 이 속에 포괄하며 증오의 대상으로 표출하고 있다. 심지어는 아버지도 이 범주에 넣고 좋지 않게 표현한다.

이러한 경향과 주장들은, 노자가 강조하는 '암컷다움[雌]'에 들어갈 수 없다. 이것이 골짜기가 상징하는 무한량의 포괄이나 태양의 밝음을 없애서 모두를 구별 없는 하나로 포괄하는 검음에 서 있는 것이 결코 아니기 때문이다. '불자(不自)~'의 논리도 아니다. 이는 그저 또 하나의 '있음[有]'의 논리에 서 있는 것일 뿐이다. 그것도 극단적인 치우침을 드러내는 것이다. 따라서 이들의 주장과 논리는, 이 제28장에서 강조하는 '골짜기', '암컷다움'과 구별해서 보아야 한다.

———

론가협회).

제29장

━

將欲取天下而爲之, 吾見其不得已. 天下神器, 不可爲也. 爲
者敗之, 執者失之. 故物, 或行或隨, 或歔或吹; 或强或羸, 或
挫(培)或隳. 是以聖人去甚, 去奢, 去泰.

　천하를 손에 넣기 위해 억지로 어떻게 해 보려들 하
는데, 나는 그것이 그렇게 되지 않을 것을 안다. 천하는
신비한 기물(器物)이어서 억지로 어떻게 해볼 수 있는
것이 아니다. 그런데도 억지로 꼭 하려 들면 실패하게
되고, 손에 쥐고 놓지 않으려 하면 잃어버리게 된다.

　이 세상에 존재하는 것들은 다양하여서 어떤 것은 앞
서서 나아가고 어떤 것은 그 뒤를 따르며, 어떤 것은 내

뿜는가 하면 어떤 것은 들이쉬고, 어떤 것은 강한가 하면 어떤 것은 쇠약하고, 어떤 것은 꺾이는가 하면 어떤 것은 이지러진다. 이러하므로 성인은 극단적으로 심한 것을 제거하고, 호사스러움을 제거하며, 궁궐이나 누대처럼 우뚝 솟아 보이는 것을 제거한다.

해 설

1. 여기에서도 유가의 '유위(有爲)'론·'문명'론을 비판함이 두드러진다. 천하, 즉 우리가 살아가고 있는 세상은 인간의 의도와 행위로 조정할 수 있는 것이 아니라는 것이다. 비록 그 의도와 행위가 아무리 올바른 것이라 할지라도 말이다. 천하는 그 자체의 운행 원리, 즉 도(道)대로 돌아가기 때문이다.

물론 그렇다고 해서 유가의 '유위'·'문명'론을 무턱대고 비판할 일은 아니다. 자체 운행 원리로 돌아가는 천하가 어느 지점에서는 인간에게 해악을 끼치고 고통을 주는 것일 수 있다. 또 천하의 운행에 인위를 가하면 인간에게 훨씬 좋은 것으로 개선할 수 있는 경우도 있다. 유가는 이러한 경우에 천하에 사람의 개입, 즉 유위(有爲)를 강조한다. 특히 성인(聖人)들의 세상 개입, 즉 유위는 천하의 운행이 인간에게 끼치는 해악이나 고통, 또 개선을 위해서 작동하는 것이라 한다. 예컨대, 역병(疫病)의 창궐을 막는 것이나 홍수를 막기 위해 댐을 만들고 둑을 만드는 일이 이에 해당할 수 있다. 또 유가의 '유위'·'문명'론은 사람 세상을 진리와 정의가 넘치는 것으로 가꿈으로써 구성원 모두에게 살맛 나는 세상을 만들어 주자는 것으로도 연결된다.

그러나 지금 여기에서 보다시피 노자는 이러한 유가의 논리를 전제하여 비판하고 있다. 천하는 자체의 운행 원리에 의해 돌아가는 것으로서 인간의 유위에 의해서 달라지지 않는다는 이유에서다. "천하는 신비한 기물이어서 억지로 어떻게 해볼 수 있는 것이 아니다"라는 말에 담긴 의미가 이것이다.

2. "이 세상에 존재하는 것들은 다양하여서"라는 구절에는, 세상에 존재하는 그 모든 것들을 사람의 인식능력으로써는 다 알 수도 없고, 그러므로 어떻게 해볼 수 있는 것도 아니니, 그저 이것들을 인정하고 그대로 받아들이라는 의미가 담

겨 있다. 인간의 특정 관점에서 기준을 세우고, 이 기준에 맞추어 재단하거나 몰아가려 하는 태도에 대해 다시 생각해 보게 하는 대목이다.

3. 왕필은 이 장을 풀이하면서 "만물은 '저절로 그러함[自然]'을 본성으로 하고 있으므로, 이것들을 그대로 따를 수 있을 뿐이지 인간의 처지에서 어떻게 할 수 있지 않고, 이것들에 통할 수만 있지 이것들은 손에 쥘 수 있는 것이 아니다. 만물에는 모두 늘 그대로임을 유지하게 해 주는 본성이 있기에 여기에 사람의 손길을 가미해서 어떻게 해 보려 하면 반드시 실패하게 되어 있다. 물(物)들은 스스로 갔다[往] 왔다[來] 하는데, 인간이 이를 잡으려고 해서는 반드시 실패하는 것이다"라고 하고 있다. 이 장의 의미를 매우 적절하게 풀이한 것이라 할 수 있다.

—

제30장

以道佐人主者, 不以兵强天下. 其事好還. 師之所處, 荊棘生
焉. 大軍之後, 必有凶年. 善有果而已, 不敢以取强. 果而勿
矜, 果而勿伐, 果而勿驕, 果而不得已, 果而勿强. 物壯則老,
是謂不道, 不道早已.

　도로써 사람 세상의 군주를 돕는 이는 강한 군대로써
세상을 어찌해 보려 하지 않는다. 이렇게 하다 보면 응
보(應報)를 받기가 쉽기 때문이다. 군대가 머물렀던 자
리에서는 가시덤불이 생겨나고, 대군이 휩쓸고 간 뒤에
는 반드시 흉년이 든다.

　훌륭한 성취를 내면 될 뿐이니, 감히 강한 군대에 의

하지 않아야 한다. 훌륭한 성취를 내되 뽐내지 않고, 훌륭한 성취를 내되 과시하지 않으며, 훌륭한 성취를 내되 교만하지 않아야 한다. 훌륭한 성취를 내되 어쩔 수 없어서 하고, 훌륭한 성취를 내되 힘으로 몰아붙이지 않아야 한다.

이 세상 모든 것들은 장성하면 늙는다. 이를 일컬어 '도에 부합하지 않음'이라 한다. 도에 부합하지 않으면 곧 일찌감치 그만두어야 한다.

해 설

1. 이 제30장과 다음 장에서 노자는 군대에 관한 그의 생각을 드러내고 있다. 이 장에서는 강한 군대를 사용함으로써 초래하는 업보에 대해 경고하고 있다. 군대가 휩쓸고 간 자리는 피폐해지고, 자연을 파괴해서 흉년이 오게 한다는 것이다. 여기에서는 전쟁의 후과(後果)에 대한 노자의 통찰이 빛난다.

2. 노자가 여기에서 강조하는 것은, 군사의 동원으로 자신

의 문제를 해결하고 이익을 취하는 것이 도에 부합하지 않는다는 점이다. 힘의 원리를 믿으며 이에 지배당하는 사람들은 문제에 부닥치면 무력을 통한 해결을 떠올리기 십상이다. 그들은 이렇게 하는 것이 문제 해결에 가장 쉽고 빠른 길이라 여긴다. 그러나 노자는 이러한 무력 동원이 주는 폐해를 지적하며, "훌륭한 성취를 내면 될 뿐이니, 감히 강한 군대에 의하지 않아야 한다"라고 강조하고 있다. 나아가 훌륭한 성취 속에 숨어서 자신을 드러내지 말라고 하고 있다.

3. 도의 원리에 따르면, 아무리 강한 힘도 언젠가는 쇠하고 만다는 것, 이것이 여기에서 노자가 우리에게 주는 메시지다. 결국 강한 힘, 무력, 군사력은 궁극적으로 의지할 것이 못 된다는 것이다. 그래서 도의 원리에로 회귀하라는 것이다. 여기에서 우리는 노자 철학의 깊은 통찰과 체오를 확인할 수 있다.

제31장

—

夫(佳)兵者, 不祥之器, 物或惡之, 故有道者不處. 君子居則貴
左, 用兵則貴右. 兵者, 不祥之器, 非君子之器, 不得已而用
之, 恬淡爲上. 勝而不美. 而美之者, 是樂殺人. 夫樂殺人者,
則不可得志於天下矣. 吉事尙左, 凶事尙右. 偏將軍居左, 上
將軍居右, 言以喪禮處之. 殺人之衆, 以哀悲泣之. 戰勝以喪
禮處之.

　병기(兵器)라는 것은 상서롭지 않은 기물이다. 그래서
이 세상에 존재하는 것들 가운데는 이를 싫어하는 것
들이 있다. 그러므로 도(道)대로 살아가는 사람들은 이
것들에 의해 처리하지 않는다. 군자는 평상시 거처할

적에 왼쪽을 귀하게 여기는데, 병기를 사용함에서는 오른쪽을 귀하게 여긴다.

병기는 상서롭지 않은 기물이어서 군자의 기물이 아니니, 어쩔 수 없이 사용할 경우에라도 희로애락의 감정이나 탐욕이 발동함 없어 담백한 마음으로 사용하는 것이 가장 좋다. 설사 승리하였다고 하더라도 이를 미담으로 치지 않으니, 만약에 미담으로 친다면 이는 살인을 즐기는 사람일 따름이다. 이렇듯 살인을 즐기는 사람은 세상 사람들로부터 뜻함을 얻을 수가 없다.

좋은 일[吉事]을 치르는 데서는 왼쪽을 높이치고, 나쁜 일[凶事]을 치르는 데서는 오른쪽을 높이친다. 편장군은 왼쪽에 자리 잡고 상장군은 오른쪽에 자리 잡는데, 이는 상례 치를 때를 기준으로 한 것이다. 전쟁에서 죽은 사람이 많기에 슬프고 비통한 마음으로 곡을 하며, 전쟁에 승리하더라도 상례를 치러 주는 것이다.

1. 여기에서는 군대와 전쟁에 대한 노자의 관점이 잘 나타나 있다. 군대와 그 발동, 즉 전쟁은 노자가 배척해 마지않는 유위(有爲)의 극치다. 그러므로 노자가 이렇게 말함은 당연하다고 할 것이다.

2. 좋은 일[吉事]을 치르는 데서는 왼쪽을 높이치고, 나쁜 일[凶事]을 치르는 데서는 오른쪽을 높이치는 까닭, 임금이 남면(南面)하는 것을 기준으로 해서 하는 말이다. 임금은 모든 사람의 윗사람으로서 오로지 하느님만을 우러러보는 존재다. 그래서 예를 갖추어 앉을 적에는 태양이 지구를 돌고 있는 남쪽을 향해서 앉는다. 태양이 하느님을 상징한다고 보기 때문이다.

이는 북반구를 기준으로 한 것인데, 태양은 북위 23.5°와 남위 23.5°를 오르내리며 지구를 돈다. 물론 이는 당시의 천동설에 의한 것이다. 그런데 중국 대부분과 한국은 북위 23.5°의 위에 자리 잡고 있다. 그래서 당시 사람들은 임금이 남면한다고 하는 것이다. 이 남면을 기준으로 할 적에, 왼쪽은 동·남쪽으로서 양(陽)의 방위이며, 계절로는 봄·여름으로서 만물을 살리는[生] 쪽이다. 이에 비해 오른쪽은 서·북쪽으로서 음(陰)의 방위이며, 계절로는 가을·겨울로서 만물을 죽이는[殺] 쪽이다. 이를 본받아 좋은 일[吉事]을 치르는 데서는 왼쪽을 높이치고, 나쁜 일[凶事]을 치르는 데서는 오른쪽을 높이치는 것이다.

3. 하상공(河上公)은 또, 편장군은 지위가 낮아서 양(陽) 쪽에 자리 잡는데, 이는 그가 위로부터 명(命)을 받지 않고서 제멋대로 사람을 죽일 수 없는[不專殺] 신분의 존재이기 때문이라 하고 있다. 이에 비해서 상장군은 지위가 높고 오른쪽에 자리 잡는데, 이는 그가 사람 죽이는 일을 총지휘하기[主殺] 때문이라 한다. 즉 지위가 높아서 사람 죽이는 일을 총지휘하므로 살리는 방위[生方]가 아닌 죽이는 방위[殺方]에 자리 잡는다는 것이다.

4. 옛날에는 전쟁에서 이겼을 때 장군이 상례(喪禮)를 치러주었는데, 그는 주례(主禮)의 지위에서 소복(素服)을 입고 곡을 하였다. 이는 군자가 덕을 귀하게 여기고, 병기를 천하게 여김을 보여주는 것이다. 어쩔 수 없이 죽이는 것이라 할지라도, 죽이는 것 자체는 상서롭지 않은 일이기 때문에 마음으로는 이를 마뜩잖게 여기는 것이며, 그래서 이를 상례에 갖다 맞

추는 것이다. 한편 후세에도 군대를 동원하여 싸움을 벌이는 일이 끊이지 않으리라는 것을 알기에, 그는 이 상례를 치르면서 비통해한다고 한다.(이상은 하상공의 풀이임)

—

제32장

道常無名. 樸雖小, 天下莫能臣也. 侯王若能守之, 萬物將自
賓. 天地相合, 以降甘露, 民莫之令而自均. 始制有名, 名亦
既有, 夫亦將知止. 知止可以不殆. 譬道之在天下, 猶川谷之
於江海.

　도는 늘 이름이 없다. 질박하여 비록 작기는 하지만,
이 세상 그 누구도 이 도를 신하로 부릴 수 없다. 사람
세상의 우두머리들이 이러한 도의 덕을 지키며 사람
세상을 경영할 수 있다면, 사람이든 물(物)이든 모두 손
님이 되어 그에게로 돌아가게 될 것이다. 하늘과 땅이
서로 합하여 저절로 감미로운 이슬을 내릴 것이고, 백

성들은 명령을 내리지 않더라도 저절로 고르게 될 것이다.

　제도를 만들고 직분에 따라 각 기관의 장(長)들을 임명하여 사람 세상을 경영하기 시작하여서는 명(名)들도 벌써 있게 되니, 그러지 말고 또한 멈출 줄을 알아야 한다. 멈출 줄을 알면 위태롭지 않을 수 있다. 이를 비유하자면 도가 이 세상에 존재하는 방식과도 같은데, 이는 개울물과 골짜기 물들이 모두 강과 바다로 흘러 들어가는 것과도 같은 것이다.

해 설

　1. 도는 사람의 인식을 벗어난 차원의 존재이므로, 사람으로서는 이에 대한 인식이 불가능하다. 따라서 이에 대해서는 원천적으로 개념을 형성할 수 없으니, 사람으로서는 도에 대해 이름이 없을 수밖에[無名] 없다. 그리고 도에 대해서는 어떠한 꾸밈도 불가능하니, 도는 원래 그대로일 수밖에[樸] 없다.

그래서 크기로는 작다고 할 수 있지만(小), 아무도 이 도를 신하로 부릴 수 없는 것이다. 여기에서 우리는 도가 보여주는 '그칠 줄 앎'·'작음'의 역설(逆說)을 확인하게 된다.

2. "사람이든 물(物)이든 모두 손님이 되어 그에게로 돌아가게 될 것이다"라고 함에 대해 왕필은, "도(道)는 질박함을 유지하며 인위적으로 하는 법이 없기에, 외물이 그 참됨에 누(累)가 되지도 않고, 욕구가 그 신명(神明)에 해를 입히지도 않는다. 그래서 외물은 저절로 그에게 손님이 되어 돌아가고, 또한 그는 도를 저절로 얻게 된다"라고 풀이한다.

3. "비유하자면 도가 이 세상에 존재하는 방식과도 같은데, 이는 개울물과 골짜기 물들이 모두 강과 바다로 흘러 들어가는 것과도 같은 것이다"라는 것은, 강과 바다가 가만히 멈추어 있으니까 이 세상 모든 개울물과 골짜기 물들이 이들에게로 흘러 들어가는 것처럼, 도는 가만히 멈추어 있는데 이 세상 존재하는 모든 것들이 이 도에게로 돌아가는 것과 같다는 것이다. 만약에 강과 바다, 또 도(道)가 이렇게 멈추어 있지 않고 자기를 주장하며 나댄다면, 오히려 개울물·골짜기 물은 흘러 갈 곳을 잃게 될 것이며, 이 세상도 파국이 와서 아무것도 존

재할 수 없게 될 것이다.

여기에서 우리는 자기를 주장하며 나대는 것보다 가만히 멈추어 있음으로써 모든 것을 얻을 수 있다는 '멈추어 '있음[止]'의 역설을 발견하게 되며, 그래서 '멈출 줄을 알아야 한다[知止]'라는 노자의 경구에 귀 기울이지 않을 수 없다.

제33장

—

知人者智, 自知者明. 勝人者有力, 自勝者强. 知足者富, 强
行者有志, 不失其所者久, 死而不亡者壽.

　남을 아는 사람은 그저 아는 정도일 따름이지만, 자
신을 아는 사람은 현명하다. 남을 이기는 사람은 그저
힘이 있을 따름이지만, 자신을 이기는 이는 강하다.

　만족할 줄 아는 사람은 부유하고, 강하게 행하는 사
람에게는 지조가 있다.

　자신이 있어야 할 곳을 잃지 않는 사람은 오래가고,
죽어도 없어지지 않는 사람은 장수한다.

1. 여기에서 노자가 강조하는 것은 자신을 앎·자신을 이 김·만족할 줄 앎의 위대함이다.

2. '만족할 줄 아는 사람은 부유하다'라는 말의 의미는 이 러하다. 즉 만족할 줄 아는 이에게는 필요로 하는 것이 그다 지 많지 않다. 따라서 조금만 있어도 된다. 그 나머지는 모두 여유가 된다. 따라서 부유한 것이다.

이는 '욕심 없이 살기'·'지금 이 순간에 만족하기'·'아무것 도 부끄러워하지 않기'에 삶의 목표를 두고, "개처럼 살자"라 고 공공연히 외치던 디오게네스의 삶을 생각해 보면, 어느 정 도 상상이 가능하다. 그는 알렉산더 대왕이 "내가 그대를 위 해 해줄 수 있는 게 뭐 없겠소?"라고 하는 말에 대해, "내 햇볕 을 가리지 않도록 당신이 옆으로 조금 비켜서 주시면 됩니다" 라고 대답하였다. 알렉산더 대왕에게 무엇이든 요청하여 가 질 수 있음에도 이렇게 거절하며, 개처럼 사는 삶에 만족했던 것이다. 그래서 그는 견유학파의 대표로 분류된다.

이에 비해 만족할 줄 모르는 이에게는 늘 더 필요로 하는 것이 있다. 그래서 늘 부족하다고 느낀다. 이러한 삶은 늘 새로운 욕구를 향해 나아가기에 피곤하며, 지나고 보면 공허한 삶일 따름이다. 노자는 이 장에서 '만족할 줄 아는 사람은 부유하다'라는 말을 통해서, 인간의 이러한 삶에 대해 경계하고 있다.

3. '강하게 행하는 사람에게는 지조가 있다'라고 함은, 자신의 욕구와 본능을 억누를 수 있고, 아울러 선한 일에 용기를 내서 실천할 수 있다면, 그에게는 지조(志操)가 있어서 언제나 게으르지 않을 수 있는데, 이는 오직 자신에게 강한 사람이 해낼 수 있다는 의미다.[오징(吳澄)의 설]

4. '자신이 있어야 할 곳을 잃지 않는 사람은 오래간다'라는 것은, 과분한 욕심을 내거나 이룰 수 없는 목표를 내세우며 태어날 때 하늘로부터 받은 정기를 소모하지 않음을 의미한다. 그보다는 자신의 욕구와 본능을 잘 조절하고 타고난 품성을 길러내며 하늘로부터 받은 정기를 잃어버리지 않아야 한다. 이렇게 하면 자신의 생명을 오래도록 유지할 수 있고, 자신을 위험한 상황에 빠트리지 않을 수 있다는 것이다.

5. '죽어도 없어지지 않는 사람은 장수한다'라는 말에 대해서는 여러 해설가의 설이 분분하다. 예컨대 몸뚱이는 죽어 없

어지더라도 그 마음·정기(精氣)는 그대로 존재하여 과거와 현재가 다르지 않으니 '장수한다'라고 할 수 있다.[오징(吳澄)의 설] 또 "비록 죽는다고 할지라도 살게 하는 도는 없어지지 않아야만 온전히 장수할 수 있다. 몸은 없어지더라도 그의 도는 오히려 존재하는 것이거늘, 하물며 몸이 존재한다고 하면 도는 없어지지 않으리라!"라고 풀이하는 사람도 있다.[왕필(王弼)의 설] 그런가 하면 백서본(帛書本)『노자』에는 이 부분이 '사이불망(死而不忘)'으로 되어 있으니, '죽더라도 사람들에게 잊히지 않음'으로 풀이할 수 있다. 그렇다면 유가에서처럼 그가 살아 있을 적에 훌륭한 덕을 베풀고 좋은 업적을 이루어서 사람들이 영원히 기억한다고 함으로 풀이할 수 있다.

제34장

—

大道氾兮, 其可左右, 萬物恃之以生而不辭, 功成不名有, 衣
養萬物而不爲主. 常無欲, 可名於小; 萬物歸焉而不爲主, 可
名爲大. 以其終不自爲大, 故能成其大.

　거대한 도(道)는 질펀하여 왼쪽으로도 흐를 수 있고
오른쪽으로도 흐를 수 있다. 만물은 이 도에 의거하여
생기는데, 도는 이를 마다하지 않고, 공(功)이 이루어지
더라도 '있다'라고 일컫지 않으며, 만물을 보호하고 길
러 주면서도 주인 노릇을 하지 않는다.

　이 거대한 도는 늘 욕구가 없기에 '작다'라고 일컬을
수 있다. 그런가 하면 만물이 모두 이 도에게로 돌아가

는데도 주인 노릇을 하지 않기 때문에 '크다'라고 일컬을 수 있다.

끝내 스스로 크다고 하지 않기 때문에 그 큼을 이룰 수 있다.

1. 도가 '질펀하다'라는 것은, 도는 보편의 존재라는 의미다. 또 '왼쪽으로도 흐를 수 있고 오른쪽으로도 흐를 수 있다'라는 것은, 도가 이 세상 그 어느 것도 다 포괄한다는 의미다. 이는 도의 보편성을 드러내는 것이라 할 수 있다.

2. 도는 이렇게 보편의 존재이기에 '있음[有]'의 차원으로 내려오지 않고, '없음[無]'의 차원에 숨는다. 그래서 특수의 것들에 한정(限定)되지 않으며, 그 공능(功能)을 보편으로 발휘할 수 있는 것이다. 도는 이러하기에 만물의 근원이 될 수 있고, 만물을 모두 보호하며 길러줄 수 있다. 그래서 만물은 모두 도에게로 돌아간다[歸屬]고 할 수 있다. 그러나 도는 주인 노릇을

하지 않는다. 만약에 주인 노릇을 한다면, 그것에 한정되고 마는 것이다.

3. "끝내 스스로 크다고 하지 않기 때문에 그 큼을 이룰 수 있다"라고 함에서 우리는 도의 역설을 확인할 수 있다. 여기에는 '불자(不自)~'의 논리가 작동하고 있다.

제35장

—

執大象, 天下往. 往而不害, 安平太. 樂與餌, 過客止. 道之出
口, 淡乎其無味, 視之不足見, 聽之不足聞, 用之不足旣.

이 세계의 근원인 도를 지키고 있으면, 세상 사람들
이 모두 그에게로 간다. 그에게로 가서 해를 입지 않으
니 세상은 태평스러워진다.

음악과 먹을거리는 지나는 이의 발걸음을 멈추게 한
다. 그러나 도는 입 밖으로 내더라도 담박하여 맛으로
는 드러나지 않고, 보아도 보이지 않으며, 들어도 들리
지 않는다. 아무리 쓰더라도 다 없어져 버리지 않는다.

1. 원문에서 '대상(大象)'은 모든 상(象)을 포괄함을 적시하는 것이다. 성인(聖人)이든, 사람 세상을 이끌어 가는 사람이든, 이러한 도의 보편성을 지키고 있으면 세상 사람들이 모두 그에게로 돌아간다는 것이다.

2. 이러한 도는 당연히 인간의 인식능력 너머에 있는 존재다. 따라서 '있음[有]'의 차원에 한정된 인간의 논리와 원리 속에 닫히지 않는다. 그것을 벗어나 있는 것이다. 그래서 여기에서 노자는 "맛으로는 드러나지 않고, 보아도 보이지 않으며, 들어도 들리지 않는다. 아무리 쓰더라도 다 없어져 버리지 않는다"라고 하는 것이다. 맛으로 드러나는 것, 보이는 것, 들리는 것, 써서 없어져 버리는 것들은 '있음[有]'의 차원에 속하는 것들로서 한정된 것들이 갖는 특성이다.

제36장

—

將欲翕之, 必固張之; 將欲弱之, 必固强之; 將欲廢(去)之, 必
固興(與)之; 將欲奪之, 必固與(予)之. 是謂微明. 柔弱勝剛强.
魚不可脫於淵, 國之利器, 不可以示人.

　장차 거두어들이고 싶거들랑 반드시 진실로 펼치게
해 주어라. 장차 약하게 하고 싶거들랑 반드시 진실로
강하게 해 주어라. 장차 없애 버리고 싶거들랑 반드시
진실로 흥하게 해 주어라. 장차 빼앗고 싶거들랑 반드
시 진실로 주어라. 이를 '은미한 밝음'이라 한다. 부드
럽고 약한 것[柔弱]이 굳세고 강한 것[剛强]을 이긴다.
　물고기가 물을 벗어나서는 안 되고, 나라의 이기(利器)

를 사람들에게 보여 주어서는 안 된다.

1. 여기에서 '은미한 밝음'이라 한 것에 대해, 하상공은 "그 방법[道]은 은미하나, 그 효과는 밝다"라고 하였고, 왕필은 "야만적이고 포악하게 어지럽히는 이들을 제거하고 싶거들랑 반드시 이 네 가지 방식으로 해야 한다. 말하자면 이들의 습성으로 말미암아서 저절로 무너지게 해야 하는 것이지, 형벌의 영향력이 크다고 하여 형벌로써 이들을 제거하려 해서는 안 된다. 그래서 '은미한 밝음'이라 하는 것이다"라고 풀이한다. 역시 하상공은 수련(修練)의 관점에서 풀이한 것이고, 왕필은 그 의미를 밝힘에 주력하여 풀이한 것이라 할 수 있다.

이를 모략과 음모론의 관점에서 해석할 수도 있다. 물론 이렇게 풀이한다고 해서 잘못된 풀이라 할 수 없다. 노자의 철학은 다양한 관점에서 다양하게 해석될 수 있는 것이다. 이 세상에 나쁜 쪽으로 이해되지 않는 진리는 거의 없다. 신중국 성립 이후 중국의 철학자들은 중국철학사에 등장하는 철학자들을 재검토하면서, 노자의 이 구절을 들어서 노자를 매우 비판하기도 하였다.

2. '물고기가 물을 벗어나는 것'·'나라의 이로운 기물을 사람들에게 보여주는 것' 등은 자신을 드러냄이라 할 수 있다. 이에 비해 '물고기가 물속에 '있음'·'나라의 이기를 사람들에게 보여주지 않음'은 '은미함' 속에 있음을 은유한다고 할 수 있다. 이 '은미함'은 부드럽고 약한 것[柔弱]을 상징하고, '물고기가 물을 벗어나는 것'·'나라의 이로운 기물을 사람들에게 보여주는 것' 등은 군세고 강한 것[剛强]을 상징한다고 할 수 있다. 그래서 부드럽고 약한 것이 군세고 강한 것을 이긴다는 것이다.

3. 여기에서도 역시 역설의 논리를 확인할 수 있다. 원하는 것과는 반대로 해줌으로써 오히려 원하는 것을 이룰 수 있다고 하기 때문이다.

제37장

一

道常無爲而無不爲, 侯王若能守之, 萬物將自化. 化而欲作,
吾將鎭之以無名之樸. 無名之樸, 夫亦將無欲. 不欲以靜, 天
下將自定. [上篇 終]

도는 늘 인위적으로 무엇을 하지 않으면서도[無爲] 그
어느 것 하나 하지 않는 것이란 없다. 사람 세상을 이끌
어가는 이들이 이러한 원리를 체득하여 그대로 실현한
다면, 만물은 저절로 화할 것이다.

화하는데 거기에 욕구가 발동한다면, 나는 장차 이를
무명(無名)의 질박함으로 다스리리라. 무명의 질박함은
또한 욕구를 없앨 것이로다.

욕구를 내지 않고 고요하면 세상 사람들은 장차 저절로 안정될 것이다.

1. 상편의 이 마지막 장에서 노자는 도의 원리에 따라서 이끌어 갈 적에 이 세상 모든 것이 저절로 화한다고 함을 말하고 있다. 즉 유가에서처럼 사람에 의해 바르게 하겠다고 하여 인위(人爲)에 의한 유위(有爲)로서 간섭하지 않고 그저 각자의 '저절로 그러함[自然]'에 내맡기면, 결과적으로 이들 모두는 자생자화(自生自化)하면서 어울리게 되리니, 그 어느 것 하나 하지 않는 것이란 없는 결과를 얻게 된다는 것이다. 여기에서 우리는 '반(反)'의 논리에 자리 잡은 역설(逆說)을 확인할 수 있다. 인위적으로 무엇을 하지 않아서 아무것도 하지 않는 것처럼 보이지만[無爲], 도는 이렇게 하기에 그 어떤 것도 하지 않음이 없는[無不爲] 보편의 절대적 공능을 보인다는 것이다. 여기에서 우리는 '무위(無爲)'·'무명(無名)'의 역설을 볼 수 있다.

2. 한비자는 이를 끌어다가 통치자의 통치술에 활용하고 있다. 최고 통치자로서의 임금은 모든 벼슬아치[百官]가 맡는 그 어떤 특수한 직책도 맡지 않고 역할도 하지 않는 채[無爲], 또 마음을 비워서 자신의 욕구와 호오(好惡)를 전혀 드러내지 않은 채[虛靜], 도(道)가 만물에게 임하는 것처럼 임금으로서 그저 윗자리에 임하고 있어야 한다고 했다. 그러면 벼슬아치들은 도대체 임금이 무슨 생각을 하는지, 무엇을 좋아하는지, 무슨 의도를 갖고 있는지를 도무지 알 수가 없어 두려움에 떨면서 오로지 자신의 직분에 맞게 최선의 능력을 발휘할 따름이니, 그 결과 임금은 이들의 능력을 100% 자신의 능력으로 발휘하는 셈이 된다는 것이다. 그래서 공(功)은 임금 자신이 차지하고 과(過)는 벼슬아치들의 죄로 돌리게 되어, 임금으로서는 최고의 명성을 얻을 수 있다고 한다. 즉 벼슬아치들은 그저 자신의 자리에서 최선을 다해 수고하고, 임금은 이들의 노력의 결과를 자신의 성공으로 돌릴 수 있으니, 이것이 바로 현명한 군주가 되는 근본이라 한다.(『韓非子』, 「主道」)

하편

덕경
(德經)

제38장

一

上德不德, 是以有德. [下德不失德, 是以無德.] 上德無爲而無以爲, [下德爲之而有以爲.] 上仁爲之而無以爲. 上義爲之而有以爲. 上禮爲之而莫之應, 則攘臂而扔之. 故失道而後德, 失德而後仁, 失仁而後義, 失義而後禮. 夫禮者, 忠信之薄, 而亂之首. 前識者, 道之華而愚之始. 是以, 大丈夫處其厚, 不居其薄, 處其實, 不居其華. 故去彼取此.

상등의 덕은 덕이라 여기지 않으니, 그래서 덕이 있다. [하등의 덕은 덕임을 잃어버리지 않으려 애쓰니, 그래서 덕이 없다.]

상등의 덕은 인위적으로 무엇을 하지 않고, 의도적으

로 무엇을 하지 않는다. 상등의 인(仁)은 인위적으로 무엇을 하지만, 의도적으로 그것을 하지는 않는다. 상등의 의(義)는 인위적으로 무엇을 하며, 그것도 의도적으로 한다. 상등의 예(禮)는 인위적으로 무엇을 하며, 이에 응하지 않을 경우에는 팔을 걷어붙이고 잡아당겨서 하게 한다.

그러므로 도를 잃어버린 뒤에 덕을 내세우고, 덕을 잃어버린 뒤에 인을 내세우고, 인을 잃어버린 뒤에 의를 내세우고, 의를 잃어버린 뒤에 예를 내세운다.

예라는 것은 진심과 믿음이 얇은 것이고, 혼란을 일으키는 우두머리다. 앞서서 아는 척하는 것은 도의 겉으로 드러나는 화려함일 뿐이요, 어리석음의 시초다. 이러하기에 대장부는 그 두터움에 처하지 그 얇음에 자리 잡지 않으며, 그 실다움에 처하지 겉으로 드러나는 화려함에 자리 잡지는 않는다.

그러므로 저것을 버리고서 이것을 취한다.

1. 노자는 이 장에서 유가의 덕, 즉 인(仁)·의(義)·예(禮)에 대한 견해를 제시하고 있다. 그런데 노자는 여기에서 무위(無 爲)를 핵심으로 한 상(上)·하덕(下德)의 하위 개념으로 이 덕들을 자리매김하고 있다. 이를 도식으로 나타내면 '상덕〉하덕〉 인〉의〉예', '도→덕→인→의→예'가 될 것이다.

여기에서도 우리는 유가에 대한 노자의 비판적 관점을 엿볼 수 있다. 유가에서는 이 덕들을 사람 세상을 잘 꾸리고 운용하기 위한 기제(機制)로서 강조하고 있는데, 노자는 이들을 자신이 주장하는 도와 덕의 하위에 놓고 있기 때문이다. 특히 "예라는 것은 진심과 믿음과 얇은 것이고, 혼란을 일으키는 우두머리다"라는 말에서 그 비판의 절정을 확인할 수 있다.

2. '무이위(無以爲)'와 '유이위(有以爲)'에서 '이(以)' 자는 '의도를 가지고[有心·有意]', '고의로써'로 새길 수 있다. 이것[以]이 없는 덕이 '상등의 덕'이고, '상등의 인'이라 하고 있다. 다만 이들 사이에는 '인위적으로 무엇을 하느냐[有爲]'와 '그렇지 않느냐[無爲]'의 다름이 있다.

3. "저것을 버리고서 이것을 취한다"에서, '저것'은 '진심과

믿음이 얇음'·'겉으로 드러나는 화려함'을, '이것'은 그 반대로서 '진심과 믿음이 두터움'·'실다움'을 의미한다.

4. 이 제38장부터 제81장까지를 『도덕경』, 「하편」이라 한다. 이에 비해 제1장부터 제37장까지는 『도덕경』, 「상편」이다. 제1장은 '道(도)' 자로, 이 제38장은 '上德(상덕)'이라는 글자들로 시작한다. 그래서 이 장의 '德(덕)' 자를 「상편」의 첫 글자인 '道(도)' 자와 연칭하여 『노자』를 『도덕경(道德經)』이라 한다. 그렇다면, 「상편」은 '도(道)'의 의미를 전하는 것으로, 「하편」은 '덕(德)'의 의미를 전하는 것으로 여길 필요가 없다.

이 상·하편의 구분은 그저 편의상의 구분이다. 이 『도덕경』 전체를 기록하고 있는 죽간(竹簡)의 부피가 한 손에 들고 다니기에는 버거워서 편의상 그 절반을 나누다 보니, 상·하편을 이렇게 나눈 것으로 보인다. 참고로 『한비자』는 이 상·하편을 반대로 하고 있다. 그러나 이러한 구분은 그다지 의미가 없다.

제39장

—

昔之得一者: 天得一以淸, 地得一以寧, 神得一以靈, 谷得一
以盈, 萬物得一以生, 侯王得一以爲天下貞. 其致之(也), (謂)
天無以淸, 將恐裂; 地無以寧, 將恐發(廢); 神無以靈, 將恐歇;
谷無以盈, 將恐竭; 萬物無以生, 將恐滅; 侯王無以貴高, 將
恐蹶. 故貴以賤爲本, 高以下爲基. 是以侯王自謂孤·寡·不
穀. 此非以賤爲本邪? 非乎? 故致數輿(譽)無輿(譽). 不欲琭琭
如玉, 珞珞如石.

　아득한 옛날에 하나를 얻은 자들은 이러하였다. 하늘
은 하나를 얻어서 맑고, 땅은 하나를 얻어서 안정되고,
신(神)은 하나를 얻어서 신령하고, 골짜기는 하나를 얻

어서 채울 수 있게 되고, 만물은 하나를 얻어서 생겨나고, 임금들은 하나를 얻어서 이 세상을 올곧게 하였다.

이를 바탕으로 미루어 말하자면 또한 이러하다. 하늘이 맑지 않다면 장차 갈라져 버릴 것이고, 땅이 안정되지 않다면 장차 진동(震動)하며 무너져 버릴 것이고, 신이 신령하지 않다면 장차 그 영험함이 끊어져 버릴 것이고, 골짜기가 채우지 못하게 된다면 장차 말라 버릴 것이고, 만물이 생겨나지 않는다면 장차 소멸해 버릴 것이고, 임금이 세상을 올곧게 하지 못한다면 장차 실각하게 될 것이다.

그러므로 귀함은 천함을 바탕으로 하고, 높음은 낮음을 터전으로 삼는다. 이러하기에 임금들은 스스로 '고(孤)'·'과(寡)'·'불곡(不穀)'이라 부르니, 이는 천함을 바탕으로 삼음이 아니고 무엇이랴! 그렇지 않은가?

그러므로 지극한 영예에는 영예가 없는 것이니, 옥처럼 빛나려 하지 않고, 돌처럼 단단해지려 한다.

1. '하나를 얻음'에서 '하나'는 도(道)를 뜻한다. 하늘, 땅, 신, 골짜기, 만물, 임금 등이 모두 이 도를 얻어야 각각 이들다움, 즉 그 본성을 이루게 된다는 것이다. 여기에서 우리는 도가 이 세상 모든 것들의 근원이라 함을 알 수가 있다. 이러한 관점에서, 이 세상 모든 것은 도의 자기 복제로 생겨나는 것들이라 할 수도 있다.

2. '지극한 영예'라 함에서의 '영예'는 보편 차원의 영예를, '영예가 없다'라고 함에서 '영예'는 특수 차원의 영예를 의미한다. 이처럼 이들은 같은 '영예'라 하더라도 각기 다른 차원에 속한다. 그리고 특수 차원에서 아무리 훌륭한 영예가 있다고 하더라도, 그것은 근본적으로 보편 차원의 영예가 될 수 없다. 달리 말하면, 보편 차원의 영예는 특수 차원에 있는 어떤 영예에도 포섭될 수가 없다. 특수 차원에 속하는 것이라면, 이미 보편적일 수 없기 때문이다. 그래서 "지극한 영예는 영예가 없는 것이니"라고 하는 것이다.

3. '고(孤)'는 고아를 의미한다. 임금이 스스로 이렇게 부르는 까닭은 자신이 추레하고 보잘것없다고 함을 드러내기 위

한 것이다. '과(寡)'는 과인(寡人)을 의미하는데, 덕이 모자란 사람[寡德之人]이라는 뜻이다. '불곡(不穀)'은 곡식이 못 된다는 것이니, '쭉정이 같은 사람'을 의미한다고 할 것이다. 이들 호칭은 모두 귀함은 천함을 바탕으로 하고, 높음은 낮음을 터전으로 삼는다고 함을 상징하는 것이라 할 수 있다.

제40장

一

反者, 道之動; 弱者, 道之用. 天下萬物生於有, 有生於無.

돌이킴은 도의 움직임이요, 약함은 도의 쓰임이다.

이 세상 모든 것은 '있음[有]'에서 생기고, '있음[有]'은 '없음[無]'에서 생긴다.

해 설

1. 이 제40장은 노자의 철학적 체오(體悟)가 매우 빛나는 장이다. 이를 차례대로 설명해 보겠다.

2. 우리가 살아가는 세상은 한쪽으로만 움직이는 것 같아

도 사실은 그렇지 않다. 끊임없이 되풀이하는 것이다. 한 시간이 지나면 다시 한 시간이 이어지고, 하루가 가면 또 하루가 이어지고, 한 달이 가면 또 한 달이 이어지고, 한 해가 가면 또 한 해가 가는 것 등이 모두 그러하다. 끊임없이 되풀이되는 것이다. 우리는 의식하든 의식하지 않든 이 되풀이를 당연시하며 살아간다. 그래서 우리는 매일 같은 일을 거의 되풀이하며 살아감이 사실이다. 이 되풀이를 노자는 여기에서 '반(反)'이라는 글자로 표현하고 있다. 우리가 살아가는 세계의 근원과 근본이 이 도(道)라 할 적에, 그러므로 도는 이 '반'이라는 되풀이 속에서 그 운동을 이어간다고 할 수 있다. 해의 돎, 달의 돎이 이 되풀이를 맡아서 하는 것 같지만, 그 근원은 도에 있다는 것이다. 즉 '반'이 도의 기제(機制)인 것이다.

만약에 우리가 살아가는 세상이 이렇게 되풀이됨 없이 죽 한쪽으로만 움직인다고 한다면, 이 세계의 양상은 전혀 달라질 것이고, 어쩌면 이 세계는 지속될 수 없을지도 모른다. 이러한 측면에서 이 되풀이, 즉 '반'이 일으키는 공능(功能)은 대단하다고 할 수 있다. 이를 간파해 낸 노자의 철학적 혜안은 아무리 칭송해도 지나치지 않을 것이다.

3. 여기에서 '서로 반대되는 것들끼리 서로 이루어 준다(相反相成)', '대립하는 것들이 서로 그 대립하는 쪽으로 바뀐다(對立轉化)'는 대대(對待)의 논리가 나온다. 예컨대 밤과 낮은 서로 반대되고 서로 대립한다고 할 수 있지만, 밤이 있어야 낮이 성립하고 그 역(逆)도 마찬가지이며, 밤은 낮으로 낮은 밤으로 바뀌어 가는 것이다. 그러므로 대립·반대되는 것들은 서로 투쟁·반목하거나 끝장을 보는 것으로서 끝나지 않고, 논리적으로든 실제로든 서로를 인정하고 포용한다고 할 수 있다. 자신이 성립하고 존립함에 상대의 존재함이 필수 불가결하기 때문이다. 상(上)·하(下), 전(前)·후(後), 좌·우, 고·저, 심(深)·천(淺), 조(早)·만(晚), 후(厚)·박(薄), 난(難)·이(易), 내·외 등 수없이 많은 짝 범주들에서 이를 확인할 수 있다. 이들에서는 어느 한쪽이 없으면 다른 한쪽도 덩달아 없어지니, 한쪽이 성립하고 존재하기 위해서는 대립·반대되는 다른 한쪽의 존립이 꼭 필요한 것이다. 동아시아에서는 이를 음·양의 범주로 나누어 세계와 사람을 설명하는 데 활용하였다. 『도덕경』에서는 이를 이처럼 "반(反)은 도의 움직임이다"라는 말속에 함축하여 보여 주고 있다.

4. 세계에 존재하는 것들, 즉 만물은 모두 '있는 것[有]'에서 생긴다. 만물치고 그 어느 것이든 '있는 것'에 생기지 않은 것이란 없다. 즉 없는 것으로부터는 그 어떤 것도 생겨날 수 없다. 서양의 고대 그리스 철학자 파르메니데스(B.C. 약 510~ B.C. 약 450)가 "Ex nihilo nihil fit"라고 한 말에서도 이를 확인할 수 있다. 이는 영어로는 "Nothing comes from nothing"으로 번역된다. 당시 노자와 파르메니데스 사이에 교류가 없었을 테지만, 큰 철학자들끼리는 이렇게 통하는 면이 있다. 프랑스의 화학자인 라부아지에(1743~1794)는 이 말에서 '질량 보존의 법칙'을 유추하기도 하였다. 있는 것들이 있는 것들에서 생겨나기 때문에 그 변화의 총량에는 변함이 없다는 것이다.

5. 그런데 '있는 것[有]', 즉 '있음[有]'은 이 세계의 궁극적 존재, 이 세계의 근원, 이 세계에 존재하는 만물의 궁극적 근원이 될 수가 없다. 이 차원에 있는 것들은 모두 불완전한 특수(特殊)의 존재에 지나지 않기 때문이다. 즉 자신이 존재하기 위해서는 자신도 그 근원에 해당하는 제3의 존재에 의존할 수밖에 없는 것이다. 그래서 노자는 천지 만물의 궁극적 존재로서 '없음[無]'을 말하는 것이다.

‘있음[有]’의 차원에 있는 존재들은 모두 사람의 인식능력에 의해 파악될 수 있다. 특히 현대인들이 만들어 낸 기기(器機)를 통해서 이전에는 발견해 내지 못했던 것들까지 발견함으로써, 그 인식의 영역을 넓혀가고 있다. 사람은 이렇게 해서 그 인식능력에 의해 파악된 것들만을 ‘있다’라고 한다. 그러므로 이 세계의 궁극적 근원은 이 차원에 속하는 존재일 수가 없다. 이 궁극적 근원자는 사람의 인식능력 안으로 들어와서는 안 되기 때문이다. 이 존재는 사람의 인식 기관인 눈·귀·코·입·몸 등으로는 원천적으로 그 파악이 불가능해야 한다. 그리하여 이들 인식 기관에 의해서는 파악이 불가능하기에 사람은 ‘없다’라고 하는 것이다.

　우리는 우리의 인식 기관에 의해 파악된 것만을 ‘있다’라고 한다. 합리론이든, 경험론이든, 서양 근대의 인식론에서는 이를 명확히 하고 있다. 그러나 사람으로서는 세계의 궁극적 근원자가 있는지 없는지를 확언할 수 없다. 그 인식이 불가능하기 때문이다. 다만 우리가 인식하듯이, 이 궁극적 근원자의 소산으로서 세계와 만물이 있는데, 궁극적 근원자를 ‘있음[有]’의 차원에서는 발견할 수도, 확인할 수도 없으니, 이를 ‘없음

[無]'이라 할 수밖에 없는 것이다. 이것은 사람의 인식과 개념, 언어를 넘어선 차원의 존재인 것이다.

그러면 그것이 실제로 완전히 없다는 것인가? 이에 대해서는 알 수도, 확답할 수도 없다. 이것이 바로 이 제40장의 "이 세상 모든 것은 '있음[有]'에서 생기고, '있음[有]'은 '없음[無]'에서 생긴다"라는 말속에 함축되어 있다. 그래서 노자를 큰 철학자라 아니할 수 없다.

제41장

上士聞道, 勤(僅)而行之; 中士聞道, 若存若亡; 下士聞道, 大笑之. 不笑不足以爲道! 故建言有之: "明道若昧(孛), 進道若退, 夷道若纇. 上德若谷, 大白若辱, 廣德若不足, 建德若偸, 質眞若渝, 大方無隅, 大器晚(免; 『老子』乙本)成, 大音希聲, 大象無形." 道隱無名. 夫唯道, 善貸且成.

　상등의 사(士)는 도(道)에 대해서 들으면 부지런히 이를 행하고, 중등의 사는 도에 대해서 들으면 이러한 것이 있는 듯 없는 듯 여기며, 하등의 사는 도에 대해서 들으면 크게 비웃고 만다. 이렇게 크게 비웃지 않으면 도가 되기에 부족하리로다!

그러므로 이러한 말이 있다. "밝은 도는 어두운 듯하고, 나아가는 도는 물러가는 듯하며, 평평한 도는 울퉁불퉁한 듯하다.

상등의 덕은 골짜기와도 같고, 크게 결백함은 욕보는 듯하며, 넓은 덕은 부족한 듯하다.

굳센 덕은 게으른 듯하고, 질박한 덕은 변질이 된 듯하다. 커다란 네모는 모서리가 없고, 커다란 그릇은 이루어지지 않고, 커다란 음(音)은 소리[聲]가 없고, 커다란 형상은 모양이 없다"라고.

도는 숨어서 이름이 없다. 그러나 오직 도라야 잘 빌려주고 또한 이루어 낸다.

해 설

1. '사(士)'는 노자 당시에 사회를 이끌어 가던 전문 지식인들을 가리킨다. 귀족인 공(公)·경(卿)·대부(大夫)의 아래 계급에 속하고, 평민들의 위 계급에 속하는 사람들이다. 사실 이들이

당시 사회를 이끌어 가던 중추 집단이라 할 수 있다. 『주례(周禮)』에서는 각 부서를 실질적으로 운용하는 이들로서 이 사(士)들의 역할을 자세히 정리해 놓고 있다.

2. '크게 비웃지 않으면 도가 되기에 부족하리로다!'라는 것은, 도의 역설적인 면을 잘 보여 준다. 하등의 사(士)들은 국한된 차원에서나 타당한 지식만을 갖고 있다. 이들에게 사실 도는 납득이 되지 않을 것이다. 그래서 이들은 도에 대해서 들으면 그것이 말이 안 된다고 보아서 비웃고 만다는 것이니, 노자는 여기에서 역설적으로 도가 이러한 면을 갖지 않으면 도가 될 수 없다고 하는 것이다. 여기에서도 우리는 노자의 철학적 혜안을 엿볼 수 있다.

한편으로 이는 유가의 도에 대해 비웃는 것이라고도 할 수 있다. 공자가 "아침에 도에 대해서 들으면 저녁에 죽어도 좋다[朝聞道, 夕死可矣]"라고 했을 정도로, 유가에서도 도에 대한 탐구에 절실히 매달린 것이 사실이다. 그런데 노자는 유가의 이러한 도들은 '있음[有]'의 차원에 속하는 도들이라 보고 있다. '있음'의 차원에 속하니, 유자(儒者)들은 이 도에 대해 긍정의 차원에서 추구하며 숙연하고 진실하게 대하는 것이고, 노자가 말하는 도, 즉 이런 역설을 갖고 있는 도에 대해서 이들은 비웃지 않을 수 없다는 것이다. 노자의 이러한 논리에 따르면, 이들은 '하등의 사(士)'라 할 것이다.

3. 그래서 이곳 그 이하에서 노자는 도와 덕이 갖고 있는 역설적인 면을 여러 관점에서 언급하고 있는데, 이들을 관류하는 것은 바로 '없음[無]'의 논리다.

상등의 덕이 골짜기와도 같다는 것은, 골짜기가 움푹 패어 낮게 있으면서 모든 것을 받아들이듯이, 상등의 덕을 가진 이는 자신을 낮추어 모든 것을 받아들인다는 의미다. 낮추니 모든 것을 받아들일 수 있어서 절대적으로 고귀한 존재가 된다는 것이다.

4. 네모는 네 개의 모서리로 이루어진다. 그래서 이들 모서리가 없으면 네모가 이루어질 수 없다. 네모의 크기는 이 모서리들의 크기에 의해 결정된다.

그런데 '모서리가 있다'는 것은 '있음[有]'의 차원에 해당하는 말이다. 이 '있음'의 차원에 있는 것들은 아무리 크다고 해도, 그 크기가 확정되는 한, 그보다 더 큰 것이 있을 수밖에 없다. 그것보다 크기를 조금만 키워도 더 큰 것이 이루어지기 때문이다. 따라서 절대적으로 커다란 네모는 '있음[有]'의 차원에서는 이루어질 수 없으며, '없음[無]'의 차원에서나 가능한 것이다. '커다란 네모는 모서리가 없다'라고 하는 말속에는 이러한 의미가 담겨 있다. 즉 '없음[無]'의 논리다.

5. 그 이하의 말들도 이 '없음[無]'의 논리를 고려할 때 모두 이해될 것이다. 절대적으로 큰 그릇은 '있음[有]'의 차원에서는 이루어지지 않는다는 것, 절대적으로 커다란 소리[大音]는 '있음' 차원의 소리[聲]로는 표현할 수 없다는 것, 커다란 형상은 '있음' 차원의 형상에 담기지 않는다는 것 등에서 이를 확인할 수 있다. 그러므로 도는 '있음'의 차원에서는 드러나지 않고 숨기에 이름을 붙일 수가 없다.

이름 붙이는 것은 '있음'의 차원에 속하는 일이다. 근원적으로 인식해야 하고, 그것을 바탕으로 개념을 형성해야만 이름 붙이는 것이 가능해지기 때문이다. 그러나 절대적으로 '없음'의 차원에 속하는 도는 사람의 인식 속으로 들어오지 않기에 그 개념이 형성될 수도 없다. 따라서 도에는 이름을 붙이는 것이 불가능하다. 이에 대해서는 앞에서도 여러 차례 설명한 바 있다.

6. 도는 이렇게 '없음[無]' 차원의 존재이고, 절대적인 존재이고, 보편의 존재다. 그래서 도는 '있음' 차원에 있는 모든 것들의 존재 근거가 되어 준다. 그래서 여기에서 노자는 "오직 도라야 잘 빌려주고 또한 이루어 낸다"라 하고 있다.

제42장

一

道生一, 一生二, 二生三, 三生萬物. 萬物負陰而抱陽, 沖氣以爲和. 人之所惡, 唯孤·寡·不穀, 而王公以爲稱. 故物或損之而益; 或益之而損. 人之所敎, 我亦敎之: "强梁者, 不得其死", 吾將以爲敎父.

　도는 하나를 낳고, 하나는 둘을 낳으며, 둘은 셋을 낳는데, 셋은 만물을 낳는다. 만물은 음을 등에 짊어지고 양을 가슴에 품고 있는데, 충기(沖氣)가 이들을 화합한다.

　보통 사람이 싫어하는 바는 오직 고(孤)·과(寡)·불곡(不穀)인데, 사람 세상 우두머리들은 오히려 이들을 자기 호칭으로 삼는다. 그러므로 물(物)들은 자신의 것을 덜어 내서 오히려 이익을 얻는 경우도 있고, 자신에게 보태었다가 오히려 손해를 보는 경우가 있다.

사람들이 가르침으로 삼는 것을 나도 가르침으로 삼 노니, "강포하며 자신만을 위하는 사람은 죽어도 제대 로 죽지 못한다"라 하는 것이다. 나는 이를 앞으로 가르 침의 종지(宗旨)로 삼으리라.

해 설

1. 여기에서는 노자의 우주론이 드러나 있다. '도→하 나→둘→셋→만물'의 도식으로 서술하고 있는 것이 그것이 다. 이는 우주의 생성 과정을 언급하는 것이라 할 수 있다. 그 런데 여기에서 말하는 '하나', '둘', '셋'이 각각 무엇을 의미하 는가에 대해서는 역대 제가의 해석이 여러 가지로 달랐다. 나 는 '하나'를 음·양으로 갈라지기 이전의 일기(一氣)로, '둘'은 음 기·양기로, '셋'은 음기·양기에 충기(沖氣)를 더한 것으로 본

다. 이들에 대해서는 관점에 따라서 얼마든지 다른 해석이 나올 수 있는 것이므로 이쯤 해 두고자 한다.

2. 고(孤)·과(寡)·불곡(不穀)에 대해서는 제39장의 풀이를 참고하기 바란다. 그런데 노자는 사람 세상의 우두머리들이 고(孤)·과(寡)·불곡(不穀)이라 칭한다는 것으로부터, '자신의 것을 덜어 내서 오히려 이익을 얻는 경우도 있고, 자신에게 보태었다가 오히려 손해를 보는 경우가 있음'을 연역하고 있다. 역시 '없음[無]'의 차원을 고려해야 이해할 수 있는 역설(逆說)이다.

'있음[有]'의 차원에서는 덜어 내는 것은 손해고, 보태는 것은 이익이다. 곧이곧대로 반영되기 때문이다. 그러나 이를 '없음'의 차원에서 고려하면, 자기에게서 덜어 내는 것이 꼭 손해가 아니라 이익이 되고, 자기에게 보태는 것이 꼭 이익이 되는 것이 아니라 손해가 될 수도 있다. 여기에서도 우리는 노자의 깊은 철학적 체오를 다시 확인하게 된다.

3. "강포하며 자신만을 위하는 사람은 죽어도 제대로 죽지 못한다"라 하여, 강포함을 배격하는 것은 노자의 일관된 가르침이다. 노자는 여러 차례에 걸쳐서 '부드럽고 약한 것[柔弱]'을 강조하는데, "부드럽고 약한 것이 굳세고 강한 것[剛强]을 이

긴다(제36장)"라고 함으로써, '굳세고 강함'과 '부드럽고 약함'을 단적으로 대비하며 보통 사람의 선입관을 간단하게 무너뜨리고 있다.

'있음[有]'의 차원에서는 '부드럽고 약함'보다는 '굳세고 강함'을 더 높이치며 추구할 수가 있다. 특히 경쟁이 일상이 된 사회에서는 더욱 그러하다. 그러나 우리가 살다 보면 부드럽고 약함이 더 유익하며, 특히 생명 현상에서는 이것들이 얼마나 중요한지를 깨닫게 된다.

이와 관련하여 노자는, "사람이 생겨나서는 부드럽고 약하며, 죽어서는 뻣뻣하고 단단해진다. 만물과 풀, 나무들도 생겨나서는 부드럽고 무르며, 죽어서는 말라비틀어진다. 그러므로 뻣뻣하고 단단한 것들은 죽음의 무리이고, 부드럽고 약한 것들은 사는 무리다"라고 함으로써, '굳세고 강함[강포함]'보다는 '부드럽고 약함'이 우리의 생명을 유지함에서 근본적으로 유익하다는 가르침을 주고 있다.(제76장)

제43장

一

天下之至柔, 馳騁天下之至堅. 無有入無間. 吾是以知無爲
之有益. 不言之敎, 無爲之益, 天下希及之.

　이 세상 가장 부드러운 것이 이 세상의 가장 견고한
것들을 부린다. 있음이 없기에 틈 없는 것으로 들어
간다.

　나는 이를 통해서 '무위', 즉 '인위적으로 무엇을 함이
없음'이 유익하다는 것을 안다. '말 없는 가르침', '무위'
의 유익함에 대해 이 세상에 미칠 수 있는 사람은 거의
없다.

1. 이 장에서 노자는 부드러움, 그것도 '가장 부드러움[至柔]'
과 '인위적으로 무엇을 함이 없음[無爲]', '있음이 없음[無有]', '말
없음[不言]' 등이 발휘하는 역설적 공능(功能)에 대해서 설파하고
있다. 이는 '없음[無]'의 논리에서 보아야 제대로 이해된다. '있
음[有]'의 논리에서는 절대로 성립할 수 없는 공능들이기 때문
이다. 이들은 바로 도(道)의 특성이기도 하다.

2. 왕필은 이에 대해서 "텅 빔[虛]과 '없음[無]', 부드러움과 약
함은 통하지 않는 곳이 없고, '있음이 없음[無有]'은 궁색해질 수
가 없다. 가장 부드러움[至柔]은 꺾일 수가 없다. 이러한 점들로
써 미루어 보기에 '인위적으로 무엇을 함이 없음[無爲]'이 유익
하다는 것을 안다"라 풀이하고 있다.(왕필, 『老子道德經注』, 「下篇」)

3. 보통 사람, 특히 탐욕을 제대로 다스리지 못하는 사람
들은 '가장 부드러움', '인위적으로 무엇을 함이 없음[無爲]'·'있
음이 없음[無有]'·'말 없음[無言]' 등과는 배치(背馳)되게 행한다.
부드러움보다는 굳셈을, 무위보다는 유위를, '있음이 없음'보
다는 '있고 또 있음'을, '말 없음'보다는 '남보다 말 많이 함'을
취한다. 그리고는 유한함 속에서 이것들이 자아내는 모순과

문제 상황에 부대끼며 살다가 간다. 노자는 이러한 인간의 모습이 안쓰러워 그 가르침을 이렇게 펴는 것으로 보인다. 역설(逆說)에 실어서.

제44장

—

名與身孰親? 身與貨孰多? 得與亡孰病? 是故甚愛必大費, 多
藏必厚亡. 知足不辱, 知止不殆, 可以長久.

　명예와 내 몸 중에 무엇이 나와 더 가까울까. 내 몸과
재화 중에 어느 것이 내게 더 나을까. 얻음과 잃음 중에
어느 것이 더 문젯거리를 낳을까.

　그러므로 너무 아끼다 보면 반드시 크게 대가를 치르
게 되고, 많이 쌓아 놓으면 반드시 그만큼 많이 잃는다.

　만족할 줄 알면 욕되지 않고, 멈출 줄 알면 위태롭지
않아서, 영원토록 평안함을 누릴 수 있다.

1. 이 장에서는 '있음[有]'의 차원에서, 그 논리에 빠져 탐욕을 부리고 본능에 이끌려 행동하는 것이 초래하는 역설적 문젯거리를 설파하고 있다. 그러고는 이러한 것들에 의거하며 살기보다는, 만족할 줄 알고, 적당한 선에서 멈추는 삶을 사는 것이 영원한 평안을 준다고 하고 있다.

2. 종교에 귀의하여 영생을 얻는 것도, 구원을 얻는 것도, 결국은 노자의 이 가르침대로 살아갈 때 가능할 것이다. 그저 맹목적으로 절대자에 귀의하며 영생과 구원을 갈구하는 것이 아니라, 만족할 줄 알고, 적당한 선에서 멈출 줄 아는 삶을 사는 것이 그 실질을 보장한다는 것이다. 절대자에 귀의한 삶도 결국은 이러한 삶이 아니겠는가.

제45장

大成若缺, 其用不弊; 大盈若沖, 其用不窮; 大直若屈, 大巧
若拙, 大辯若訥. 躁勝寒, 靜勝熱, 淸靜爲天下正.

가장 잘 이루어진 것은 마치 이지러진 듯한데 아무리
쓰더라도 닳아 없어지지 않으며, 가장 잘 채우고 있는
것은 마치 빈 듯한데 아무리 쓰더라도 다하지 않는다.

최고의 곧음은 마치 굽은 듯하고, 최고의 솜씨는 마
치 서투른 듯하며, 최고의 언변은 어눌한 것 같다.

조급하게 움직임이 추위를 이기고, 고요함은 더위를
이긴다. 맑고 고요함[淸靜]이 이 세계의 올바름이다.

해 설

1. 이 장에서도 노자는 '있음[有]' 차원에서만 작동하는 인간 인식의 불완전함과 '없음[無]' 차원의 절대성을 역설(逆說)로 설파하고 있다. 즉 '가장 잘 이루어진 것[大成]', '가장 잘 채우고 있는 것[大盈]', '최고의 곧음[大直]', '최고의 솜씨[大巧]', '최고의 언변[大辯]' 등은 '없음' 차원의 절대적인 것들이다. 그런데 이것들은 '있음' 차원에서만 작동하는 인간의 인식에는 문제가 있어 보인다는 것이다. 인간의 인식능력으로는 그 전모를 다 파악할 수 없기 때문이다. 따라서 인간의 인식에서는 문제가 있어 보이는 것이 오히려 절대성을 지닌 것이라 하는 역설이 성립한다. 이는 '없음' 차원을 함께 고려할 때 깨달을 수 있는 것이다. 그래서 '없음'의 차원을 파악할 줄 알아야 한다는 것이 노자의 메시지라 할 수 있다.

2. '조급하게 움직임이 추위를 이기고, 고요함은 더위를 이긴다[躁勝寒, 靜勝熱]'라 한 것에 대해 착간(錯簡)이 아닐까 하고 의심하는 학자가 있다. 즉 당시 글자를 기록하던 죽간(竹簡)을 편집하는 데서 차질이 생긴 것은 아닐까 하는 것이다. 제26장에서 "고요함은 바스댐(움직임)을 통제하는 존재다[靜爲躁君]"

라 하고 있는데, 이것과 일관성을 갖기 위해서는 이곳 구절이 "고요함이 바스댐(움직임)을 이기고, 추위가 더위를 이긴다(靜勝躁, 寒勝熱)"여야 한다는 것이다.(陳鼓應, 『老子今註今譯 及評介』) 이에 대한 옳고 그름을 가리는 것은 전문 영역에 속하므로 여기에서는 생략하기로 한다.

3. 물을 가만히 놓아두면, 즉 흙탕물이라도 고요하게 내버려 두면, 물속의 불순물이 가라앉아서 물은 맑아진다. 이렇게 되면 물의 본래 면목이 드러나고, 물로서 마실 수도 있다. 마찬가지로 사람도 바스대지 않고, 즉 쉴 새 없이 무엇인가를 의도하며 몸과 마음을 움직여 대지 않고, 고요히 있으면, 사람의 몸과 마음도 맑아져서 몸의 순환이 잘 이루어지고 인식능력도 최고조에 이른다. 이러한 상태에서라야 '없음(無)'에 대한 파악과 통찰이 가능해진다는 것이다.

아울러 여기에서 노자는 이렇게 청정한 상태가 이 세상의 올바름이라 하여, 이 세상의 근본 양태는 이 청정한 상태에서 이루어짐을 말하고 있다. 이른바 '청정(淸靜)' 사상이다. 이 청정의 상태는 '인위적으로 무엇을 함이 없음(無爲)'과도 통한다. 그래서 '청정무위(淸靜無爲)'로 연칭하기도 한다.

제46장

—

天下有道, 卻走馬以糞; 天下無道, 戎馬生於郊. 禍莫大於不
知足, 咎莫大於欲得. 故知足之足常足矣.

세상이 도(道)대로 돌아갈 때는 달리던 군마를 돌려
작물에 줄 똥오줌 받이로 활용하지만, 세상이 도대로
돌아가지 않을 때는 전쟁에 동원된 말들이 들판에서
새끼를 낳는다.

화(禍)를 불러오는 것으로는 만족할 줄 모르는 것보다
더 큰 것이 없고, 허물을 불러오는 것으로는 꼭 얻겠다
고 하며 매달리는 것보다 더 큰 것이 없다. 그러므로 만
족할 줄 아는 만족이라야 한결같은 만족을 준다.

1. 인간의 탐욕과 어리석음, 자기밖에 모름이 집약되어 큰 피해와 재앙을 초래하는 것이 바로 전쟁이다. 이러한 전쟁은 노자의 사상과 근본적으로 배치된다. 그래서 노자는 이 장에서 전쟁을 일으키는 원인에 대해 분석해 주고, 전쟁이 불러오는 참화를 평화로울 때와 비교하여 지적하며, 전쟁해서는 안 됨을 역설(力說)하고 있다.

2. 그 관건은 결국 만족할 줄 아는 것이다. 탐욕이 헛된 것이라는 알고, 이것만을 추구하는 것의 파멸적 결과를 아는 것이다.

제47장

—

不出戶, 知天下; 不闚牖, 見天道. 其出彌遠, 其知彌少. 是以
聖人不行而知, 不見而名(을본: 明), 不爲而成.

출입문을 나서지 않아야 세계에 대해서 알고, 창문을
통해서 내다보지 않아야 천도(天道)를 안다.

그 출입문에서 멀리 나갈수록 그 앎은 적어진다.

그러므로 성인은 나돌아 다니지 않고서 알고, 내다보
지 않고서도 훤히 알며, 하지 않고서도 이룬다.

1. 이 장에서 노자는 사람 인식의 한계와 그것에게서 벗어나 초월적 깨달음에 이름을 말하고 있다. 여기에서 '앎[知]'은 '있음[有]'의 차원에서 이루어지는 알음알이나 분별지가 아니다. '없음[無]'의 차원에 있는 도(道)에 대한 깨달음이다.

'출입문을 나서다[出戶]'·'창문을 통해서 내다보다[闚牖]'라 하는 것들은 인간의 인식 기관인 일곱 구멍을 통하여 인식함을 의미한다. 이렇게 해서 이루어지는 인식을 불교에서는 안식(眼識)·이식(耳識)·비식(鼻識)·설식(舌識)·신식(身識)·의식(意識)이라 한다. 이들 인식은 근본적으로 국한된 특수 차원의 인식, 즉 알음알이나 분별지들이다. 이들은 국한될수록 그 인식이 더욱 분명해지는 특성을 갖는다. 쪼가리 지식이다. 따라서 이러한 것들로는 도에 대한 깨달음이 원천적으로 불가능하다. 그리고 이러한 것에 의존하면 의존할수록 도에 대한 깨달음으로부터 멀어진다.

그러므로 이들 인식 기관에 의존함으로부터 벗어나라는 의미에서 노자는 이렇게 '출입문을 나서지 않음[不出戶]'·'창문을 통해서 내다보지 않음[不闚牖]'을 강조하는 것이다. "출입문을 나서지 않아야 세계에 대해서 알고, 창문을 통해서 내다보지 않아야 하늘의 도를 안다. 그 출입문에서 멀리 나갈수록 그 앎은 적어진다"라고 하는 말에는 이러한 의미가 들어있다.

2. 성인이 "나돌아 다니지 않고서 알고, 내다보지 않고서도 훤히 알며, 하지 않고서도 이룬다"라는 것은, 자신의 인식 기관에 의지하지 않음으로써 이 세계의 궁극적인 모습[天地]과 '도'·'없음[無]'에 대해 깨달을 수 있다는 의미다. 이들에 대한 깨달음은 인간의 인식 기관을 초월할 때 비로소 가능하기 때문이다. 이는 제10장에서 "현묘한 인식에 도달함을 방해하는 것들이란 모두 다 깨끗이 쓸어버리고 그 인식에 아무런 결함도 없게 할 수 있겠는가[滌除玄覽, 能無疵乎]"라 하는 것과 일맥상통한다.

3. 장자(莊子)는 '심재(心齋)'와 '좌망(坐忘)'이라는 말로써 이를 강조하고 있다. 장자는, "귀로 듣지 말고 마음으로써 들어라. 마음으로 듣지 말고 기(氣)로써 들어라. 귀는 듣는 데서 그치고, 마음은 부합(符合)시킴에서 그친다. 기(氣)는 텅 빈 채 외물을 기다리는 것이다. 오직 도(道)만이 이 텅 빔에 모이니, 이렇게 텅 비우는 것이 심재다"[18] 한다. 또 '좌망'에 대해서는, "몸

뜻이를 쓰지 말고 늘어뜨리며 귀로 들음과 눈으로 봄을 내쳐야 하니, 이렇게 형체를 여의고 알음알이를 제거하여 거대한 통함에 함께하는 것을 '좌망'이라 한다"[19]라 하고 있다.

---

18 『莊子』, 「人間世」: 无聽之以耳而聽之以心, 无聽之以心而聽之以氣! 耳止於聽, 心止於符. 氣也者, 虛而待物者也. 唯道集虛. 虛者, 心齋也.

19 『莊子』, 「大宗師」: 墮肢體, 黜聰明, 離形去知, 同於大通, 此謂坐忘.

제48장

—

爲學日益, 爲道日損. 損之又損, 以至於無爲. 無爲而無不爲.
取天下常以無事; 及其有事, 不足以取天下.

　배움을 행함에서는 날마다 보태고, 도를 행함에서는
날마다 덜어 낸다.
　덜어 내고 또 덜어 내서 무위(無爲)에 이르러야 한다.
무위이기에 하지 못하는 것이란 없다.
　이 세상을 다스림에서는 늘 무사(無事)로써 해야 하노
니, 유사(有事)로써는 이 세상을 다스릴 수가 없다.

1. 이 장에서 노자는 일상적 알음알이를 행함과 도의 차원에서 행함을 비교해서 말하고 있다. 이는 앞장의 종지(宗旨)와도 일맥상통한다. 일상적 알음알이를 가능하게 하는 배움[學]은 국한된 특수한 것들을 대상으로 한다. 그러므로 여기에서 얻은 지식들은 서로 통하지 않고 단절적이다.

이러한 지식은 많이 알수록 더 위력을 발휘하므로, 날마다 늘려가는 것이 의미가 있다. 즉 지식의 축적이 의미가 있는 것이다. 많이 아는 것이 힘일 수가 있다. 경험론자인 프랜시스 베이컨이, "아는 것이 힘이다(scientia potentia est, 영어로는 knowledge is power)"라고 했던 것에도 사실 이러한 맥락이 흐르고 있다고 보아야 한다.

2. 그러나 이러한 일상적 알음알이로는 도에 대한 깨달음을 얻을 수 없고, 인간이 가진 문제를 궁극적으로 해소할 수도 없다. 오히려 더 방해될 수가 있다. 그래서 노자는 도가 하는 방식, 즉 '인위적으로 무엇을 함이 없음[無爲]'을 강조하는 것이다. 그러기 위해서는 일상적 알음알이에서 얻어 켜켜이 쌓아 놓은 것들을 덜어 내야 할 것이다.

그래서 노자는 이처럼 덜어 내고 또 덜어 내서 무위에 이르러야 한다고 하며, 이 무위는 사실 아무것도 하지 않는 것이 아니라, 오히려 하지 못하는 것이란 없는 것이라 하고 있다. 이것이 도가 하는 방식이다. 사실 이는 제1장의 "도는 말로 표현할 수 있으면 한결같은 도가 아니다[道可道非常道]"라는 말의 연장선 위에 있다.

3. 무위를 이 세상 다스림에서 활용하는 것이 바로 일삼음 없음, 즉 무사(無事)다. 이는 의도를 가지고 특정·특수한 행위를 하지 않음을 의미한다. 의도를 가지고 특정·특수한 행위를 하는 것은 바로 '일삼음이 있음', 즉 유사(有事)다. 이 '일삼음이 있음'에서는 특정·특수한 것들만을 할 뿐 다른 것은 하지 못하게 된다. 통치자가 이러하면 백성들도 이것에 함몰하여 자유롭게 자기 일을 할 수 없게 된다. 그래서 하지 못하는 것이 많을 수밖에 없다.

그런데 통치자가 이렇게 특정·특수한 일에 매달리지 않으면[無事·無爲], 그 나라의 백성들은 다 스스로 알아서 자신들의 일을 자유롭게 해 나아간다는 것이다. 그 결과는 하지 못하는 것이란 없음[無不爲]으로 드러나게 된다. 그래서 노자는 "이 세상을 다스림에서는 늘 무사(無事)로써 해야 하노니, 유사(有事)로써는 이 세상을 다스릴 수가 없다"라고 하는 것이다. 우리는 여기에서 다시 한번 기막힌 역설(逆說)을 보게 된다.

제49장

—

聖人無常心, 以百姓心爲心. 善者吾善之, 不善者吾亦善之,
德善. 信者吾信之, 不信者吾亦信之, 德信. 聖人在天下, 歙
歙爲天下渾其心, 聖人皆孩之.

성인은 늘 사심이 없고 백성들 마음을 자기의 마음으
로 삼는다.

착한 사람을 나는 착하다 하고, 착하지 않은 사람도
나는 착하다고 하니, 착함을 얻는다.

미더운 사람도 나는 미덥다고 하고, 미덥지 않은 사
람도 나는 미덥다고 여기니, 미더움을 얻는다.

성인은 이 세상에 살아가면서 자기의 사심을 거두어

들이고 세상 사람들 마음을 혼연(渾然)하게 하며, 이들을 모두 어린아이로 여긴다.

해 설

1. '성인은 늘 사심이 없다'라는 것은 '자기[己]의 없앰'을 의미한다. 자기를 중심에 놓고서는 자신만을 위하고 남들을 배척하며 이기적으로 나대는 주인공이 바로 이 '자기'다. 그래서 유가에서도 '자기를 억눌러라[克己]', '자기를 잘 다듬어라[修己]'라고 한다. 사람이 일으키는 문제의 근원에 이 '자기'가 있음을 간파했기 때문이다.

그렇다면 이 '자기'는 인간에게 전혀 쓸모가 없는 것인가. 그렇지는 않다. 오히려 인간을 비롯한 생명체들에게 '자기'는 필수 불가결한 것이다. 이 '자기'가 가진 작동 기제(機制)가 욕구·본능인데, 이들은 그 생존에 절대적으로 필요한 것들이기 때문이다. 즉 이들이 작동하지 않으면 생존할 수가 없는 것이다. 식욕이 없고, 색욕이 없는 경우를 생각해 보면, 이는 자명

할 것이다. 식욕이 없으면 당대에 자신의 생존이 불가능하고, 색욕이 없으면 그 생명이 다음 세대로 이어지지를 못한다.

그러므로 이 '자기'를 근원적으로 아예 없앨 수는 없다. 다만 이들을 제어하고 조절할 필요가 있다. 본능과 욕구 그대로 작동하며 극단적 이기주의로 흐르고, 극단적 배타성을 발휘하는 것을 다듬어야 하는 것이다. '성인은 늘 사심이 없다'라는 말에는 바로 이러한 의미가 들어 있다. 자기중심적으로 나대는 마음이 없다는 것이기 때문이다.

2. 이렇게 함에서 비로소 보편에 동화하는 장(場)이 펼쳐지게 된다. 그래서 성인은 착한 사람이나 착하지 않은 사람이나 다 착하게 대해 주어서 착한 존재가 되고, 미더운 사람이나 미덥지 않은 사람이나 모두 미덥게 대해 주어서 미더운 존재가 된다는 것이다.

3. 백서본 『노자』에는 '자기의 사심을 거두어들이고 세상 사람들 마음을 혼연(渾然)하게 하며[歙歙爲天下渾其心]'와 '성인은 이들을 모두 어린아이로 여긴다[聖人皆孩之]' 사이에, '백성들은 모두 제 눈과 귀에 온 힘을 기울이지만[百姓皆注其耳目]'이라는 구절이 삽입되어 있다. 이 구절을 넣고 보아야 뒤의 '성인은 이

들을 모두 어린아이로 여긴다'라고 함이 자연스럽게 연결된
다. '이들을 모두 어린아이로 여긴다'라고 하는 대상이 적시
되어 있기 때문이다. 그리고 이 구절은 부모가 잘난 자식이나
못난 자식, 부모에게 고분고분한 자식이나 대들며 순응하지
않는 자식이나, 자기의 마음을 없앤 채[無心] 다 끌어안듯이, 성
인도 제 눈과 귀에 온 힘을 기울이며 자기중심적으로 나대는
백성들 모두를 끌어안는다는 것이다.

4. 이는 한국 학교 교육의 문제점, 즉 한국병을 치료하는
데서 해결의 실마리를 준다고 할 수 있다. 한국의 학교 교육
은 거의 모든 학생을 동일한 목표를 향해서 매진하게 하는 특
징을 드러낸다. 돈 잘 버는 직업을 갖게 해 주는 학과로 거의
모든 학생을 내몰고 있음이 바로 그것이다. 여기에서 경쟁은
필연코 피 튀기는 양상을 드러내고, 사교육이 범람하는 현상
을 불러일으킨다. 부모의 거의 모든 수입과 시간을 아이들 성
적 올리는 것에 몽땅 투자하고, 학생들이 거의 모든 시간을
'공부, 공부!'하며 매달리게 하는 비극적 현상이 만연하게 되
는 것이다. 그리하여 부모는 노후에 자신을 돌볼 수도 없을
만큼 가난해지고, 학생은 압박을 견디지 못해 자살하거나 정

신 질환을 지니게 되는 불행과 비극이 초래된다. 그래서 나는 이를 '한국병'이라 부른다.

이 한국병은 학생들의 소질과 능력 및 취향의 다양함을 고려하여 이에 맞는 학과에 진학하도록 하지 않음, 또 어떤 학생들은 아예 대학으로 진학하지 않고 원하는 직업교육을 해 주는 학교로 진학함을 올바른 선택이라 인정하며 받아들이지 않는 데 있다. 부모가 모든 자식을 다 받아들이듯이, 또 성인이 모든 백성을 다 받아들이듯이 하지 않고, 그저 좋은 대학 취직하여 돈 잘 버는 직업 갖는 것만을 '승자(winner)'로 여기고 인정해 주며, 여기에서 배제된 거의 모든 사람을 '패자(loser)'로 보는 한국인들의 인식과 풍토에 문제의 근원이 있다. 따라서 노자의 이 구절은 한국 학교 교육의 문제점과 한국병을 치유하는 데서 하나의 소중한 메시지를 준다고 할 것이다.

제50장

出生入死. 生之徒十有三, 死之徒十有三, 人之生, 動之死地,
亦十有三. 夫何故? 以其生生(之厚). 蓋聞善攝生者, 陸(陵)行
不遇兕虎, 入軍不被甲兵. 兕無所投其角, 虎無所措其爪, 兵
無所容其刃. 夫何故? 以其無死地.

이 세상에 나오면 살고, 왔던 곳으로 들어가면 죽
는다.

이 중에 제명대로 살다가 가는 사람이 열에 셋이고,
제명대로 살지 못하고 일찍 죽는 사람이 열에 셋이다.
또 본래는 살게 되어 있는데, 스스로 죽음의 길로 찾아
가는 사람이 또한 열에 셋이다. 대체 이는 무슨 까닭에

서이겠는가. 제 삶 살리는 것을 너무 지나치게 하기 때문이다.

들자 하니, 섭생을 잘하는 사람은 뭍으로 다녀도 외뿔소나 호랑이를 만나지 않고, 군대에 들어가더라도 무기로부터 해를 입지 않는다고 하더라. 외뿔소로서는 그 뿔을 들이댈 곳이 없고, 호랑이로서는 그 발톱을 들이댈 곳이 없으며, 병기도 그 칼날을 찔러 넣을 곳이 없기 때문이다. 이는 또 무슨 까닭일까. 그에게는 죽을 곳이 없기 때문이다.

해 설

1. 여기에서 노자는 섭생(攝生)의 중요성을 강조하고 있다. 이것이 노자의 수양론, 즉 양생론(養生論)으로 나아갔고, 이는 오늘날까지도 영향을 미치고 있다. 오늘날 '기공(氣功)'이라 하는 것들의 뿌리가 노자에도 닿아 있다. 또 동아시아 의·약학의 뿌리도 노자에게로 연결된다고 할 수 있다. 중국의 전국시

대에, 제(齊)나라의 학궁이었던 직하(稷下)에서 한 무리 학파들이 황로(黃老) 도가를 연구했던 사실도 이를 뒷받침한다.

노자는, 유가가 유위(有爲)·정명(正名) 등 '있음[有]' 차원의 논리에 입각하여 펼치는 설들의 모순과 불완전함을 간파하고, 그리하여 이렇게 하는 것으로는 인간의 문제가 근원적으로 해결되지 않고 오히려 문제 양상을 더욱 증폭시킬 수도 있음을 알아차리고, 인간이 그쪽 길로 가는 것보다는 물러나 섭생함이 중요함을 설파했다고 할 수 있다. "그에게는 죽을 곳이 없기 때문이다"라고 하여, 섭생을 잘하면 우리의 생명을 온전히 할 수 있다고 하고 있다. 어떤 면에서는 이것이 노자 사상의 본질이라고도 할 수 있다. 이 장에서 우리는 그 한 단면을 확인할 수 있다.

2. 한편 이 장에서 노자는, 제 삶 살리는 것을 너무 지나치게 하다 보면, 원래 삶이 보장되어 있던 것을 해쳐서 오히려 죽음으로 가게 된다고 하는 역설(逆說)을 펼치고 있다. 이러한 사람은 본래 살게 되어 있는데, 스스로 죽음의 길로 찾아가는 사람이라는 것이다. '있음[有]' 차원의 논리에 함몰하여 제 삶 살리는 것을 추구하며 매진하다 보면, 오히려 열망하고 추구

하는 것과 반대의 결과를 빚는다는 것이다. 노자는 이러한 부류가 열에 셋이라 하고 있는데, 오늘날에도 이러한 부류는 이쯤 된다고 할 수 있다. 이는 우리에게 가르침을 주는 경구(警句)가 아니라 할 수 없다.

제51장

—

道生之, 德畜之, 物形之, 勢成之. 是以萬物莫不尊道而貴德.
道之尊, 德之貴, 夫莫之命而常自然. 故道生之, 德畜之. 長
之育之, 亭之毒之, 養之覆之. 生而不有, 爲而不恃, 長而不
宰, 是謂元(玄)德.

　도는 만물을 낳아 주고, 덕은 길러 준다. 만물은 이
안에서 다양한 자기 형태로써 출현하고, 추세는 이들을
이루어 준다.

　이러한 까닭에 만물은 모두 도를 떠받들고 덕을 귀하
게 여긴다. 이렇게 도가 떠받들어지고 덕이 귀하게 여
겨지는 까닭은, 이들이 만물에게 어떤 강제함도 없이

늘 저절로 그러하게 하기 때문이다.

　그러므로 도는 낳고 덕은 길러 주는데, 키워 주기도 하고 북돋워 주기도 하며, 고루고루 받아들이게도 하고 위해(危害)를 가하여 단련시키기도 하며, 먹여 주기도 하고 보호해 주기도 한다.

　낳아 주면서도 자기 것으로 하지 않고, 위해 주면서도 으스대지 않으며, 키워 주면서도 주재하려 들지 않는다. 그래서 '원덕(元德, 玄德)'이라 한다.

해 설

　1. 이 장에서는 도와 덕이 만물에 대해 해 주는 무한량의 공덕을 말하고 있다. 여기에서 우리는 노자 '도·덕'론의 일단을 확인할 수 있다. 그것은 도와 덕이 만물의 존재 근원이라 하는 점이다. 도와 덕이 만물에게 성(性)과 명(命)을 주어서 존재하도록 할 뿐만 아니라, 이후에도 만물의 생존에 근원적인 도움을 준다는 것이다.

2. 도와 덕이 이렇게 할 수 있는 근본 원인은, 이들이 만물에게 보편으로 무한량의 공덕을 베풀면서도 '자기[己]'라는 것을 내세우지 않음에 있다. 만약에 이들이 '자기'라는 것을 내세우면 보편(universal)의 존재가 될 수 없다. '자기'라는 장(場, field)에 한정되는 특수(particular)의 존재가 되고, '자기'만을 위하는 특성을 드러낼 수밖에 없기 때문이다.

3. 여기에서 노자는 이렇게 '자기'라는 것을 내세우지 않음으로써 보편의 존재가 되어, 오히려 떠받들어지고 귀한 존재가 된다고 하는 역설(逆說)을 설파하고 있다. 여기에서 우리는 노자 철학의 깊이를 다시 한번 확인하게 된다.

4. 이렇게 만물의 근원으로서의 도와 덕이 만물에게 무한량의 공덕을 베풀어 그 생존을 가능하게 하면서도 '자기'라는 것을 내세우지 않음으로써, 만물은 모두 '저절로 생겨나고 저절로 화하며[自生自化]', '저절로 그러함[自然]'으로 드러나게 된다.

제52장

—

天下有始, 以爲天下母. 旣得其母, 以知其子. 旣知其子, 復
守其母, 沒身不殆. 塞其兌, 閉其門, 終身不勤. 開其兌, 濟其
事, 終身不救. 見小曰明, 守柔曰强. 用其光, 復歸其明, 無遺
身殃. 是爲習(襲)常.

이 세상 모든 것들에는 비롯함[始]이 있으니, 이것이
이 세상 모든 것의 어머니가 된다. 그 어머니를 얻었다
면 벌써 그 자식을 알리라. 그리하여 그 자식을 알았다
면 벌써 돌이켜 그 어머니다움을 지켜야 하니, 이렇게
하면 죽을 때까지 위태롭지 않다.

그 기욕(嗜欲)과 인식을 내는 구멍들을 틀어막고 그 문

을 닫아 버리면, 죽을 때까지 수고롭지 않으리라. 이와
는 달리, 그 구멍들을 열어 두고 그에 딸린 할 일들을
더해 간다면, 죽을 때까지 구원받지 못하리라.

작음을 보는 것을 '밝음'이라 하고, 부드러움을 지키
는 것을 '굳셈'이라 한다. 그 빛남을 쓰면서도 그 밝음으
로 돌아간다면, 제 몸에 재앙을 끼침이 없다. 이를 일컬
어 '습상(襲常)'이라 한다.

해 설

1. 여기에서 말하는 '이 세상 모든 것의 어머니'는 도(道)를
가리킨다. 이 세상 모든 것의 '비롯함(始)'이란 이 도가 세상 모
든 것의 생겨남과 생존의 근원임을 의미한다. 이는 제25장의
구절과 연계해서 보면 더욱 쉽게 이해될 것이다.

2. 노자는 여기에서 이러한 도의 원리대로 살아감이 어떠
한 것인지를 어렴풋하게나마 제시하고 있다. 먼저 부정적인
측면에서는, 우리에게서 기욕(嗜欲)과 인식을 내는 구멍들을

틀어막고 그 문을 닫아버린 채 이들 구멍에 딸린 할 일들을 더해 가지 말라는 것이다. 그리고 긍정적인 측면에서는, 작은 것까지도 보는 도처럼 '밝음'으로 보아야 하고, 부드러움을 지키라는 것이다. 한마디로 자기의 구멍과 문으로 세상을 보지 말고, 도의 원리대로 살라는 것이다. 이는 제47장과 연계해서 볼 때, 더욱 쉽게 이해될 수 있는 구절이다.

3. 이 또한 기욕의 주체로서의 자기를 버리고, 자기의 인식에 집착하지 말라는 의미다. 우리에게 우리의 기욕과 인식기관들을 통해 얻은 인식들은, 너무나 뚜렷하여 절대로 양보할 수 없는 것으로 보인다. 이를 버리는 것은, 자신의 존재 자체를 부정하는 것처럼 다가올 수도 있다. 그러나 이를 버려야 한다는 것이 이곳 노자의 가르침이다. 자기를 버린 곳에서 보편의 존재로 승화할 수 있기 때문이다.

4. 인식에서의 '밝음'을 강조하는 것은, 노자와 장자에게서 공통된 것으로서, 도가 인식론의 바탕을 이룬다. 『노자』 제33장의 "자신을 아는 사람은 현명하다(밝다)[自知者明]", 제16장·제55장의 "한결같음을 아는 것을 '밝다'라고 한다[知常曰明]" 및 『장자』, 「제물론」에서 "밝음으로써 하는 것만 한 것이 없다[莫若以明]"라

고 하는 것 등에서 이를 확인할 수 있다. 모두 인간의 인식 기관에 의한 인식을 초월하는 곳에서 이루어지는 최고의 인식을 의미한다고 할 수 있다. 즉 자기의 관점을 떠난 도의 관점에서 인식하는 것이다. 이는 인식 대상을 모두 있는 그대로 인식하는 것이다. 마치 거울이 모든 피사체에 대해 자신의 관점을 배제하고 있는 그대로 비추어 주듯이.

5. '습상(襲常, 쩝常)'은 '상도(常道)를 받아들임'을 의미한다. 그래서 도의 원리대로 살아가는 것이다.

제53장

—

使我介然有知, 行於大道, 唯施是畏. 大道甚夷, 而民(人)好徑. 朝甚除(塗), 田甚蕪, 倉甚虛; 服文綵, 帶利劍, 厭飮食, 財貨有餘, 是謂盜夸. 非道也哉!

만약에 내게 조금이라도 앎이 있다면 큰길로 갈 것이로되, 오직 잘못된 길로 가는 것만을 두려워한다. 큰길은 알고 보면 사실 매우 평탄하지만, 백성들은 지름길로 가는 것을 좋아한다.

조정은 무척이나 깔끔하게 관리되고 있으나, 백성들의 논밭은 너무나 잡초가 무성하고, 창고는 텅텅 비었다.

화려하게 수놓은 옷을 입고, 날카로운 검을 차며, 음식을 싫어지도록 먹고, 재화는 남아도는 이, 이러한 사람을 '도적의 수괴'라 일컫는다. 이렇게 사는 것은 도가 아니로다!

해 설

1. 노자는 이 장에서 욕구에 함몰하여 사는 삶, 남은 도외시한 채 자기만을 위해서 사는 삶을 배격하고 있다. 사실 이는 유가에서도 불가에서도 배격하는 삶이다. 다만 노자는 여기에서 이렇게 사는 삶이 "도가 아니로다![非道也哉!]"라고 하여 도와 결부시키는 점이 두드러진다. 노자의 철학에서는, 도는 자신을 위하여 무엇을 하지 않는 '불자(不自)~'의 원리의 원리를 바탕으로 한다고 하므로 이는 딱 맞아떨어지는 주장이라 할 것이다.

2. '오직 잘못된 길로 가는 것만을 두려워한다[唯施是畏]'라고 번역한 것에서 '施' 자는 '시'가 아니라 '이'로 읽는 편이 이 구절

에 더 어울린다고 보았다. 그 뜻은 '비뚤어지게 가다'·'바르지 아니하다'라는 것이다. 그래서 이렇게 번역하였다.

3. '盜夸(도과)'는 '盜竽(도우)'로 되어 있는 판본도 있다. '우(竽)'는 악기 이름이다. 『한비자』, 「해로(解老)」에서는 이 '우'에 대해, 오성(五聲)의 우두머리이기 때문에, 이 '우' 음이 선창(先唱)하면 편종(編鐘)·비파 등이 모두 따르고, 아울러 모든 악기가 이에 어울리게 소리를 낸다고 하며, 그러므로 『노자』의 이 구절에서는 '도적의 수괴'라는 의미로 이 '도우(盜竽)'를 구사한 것이라 풀이하고 있다.

제54장

—

善建者不拔, 善抱者不脫, 子孫以祭祀不輟. 修之於身, 其德乃眞; 修之於家, 其德乃餘; 修之於鄕, 其德乃長; 修之於國, 其德乃豊; 修之於天下, 其德乃普. 故以身觀身, 以家觀家, 以鄕觀鄕, 以國(邦)觀國(邦), 以天下觀天下. 吾何以知天下然哉? 以此.

 잘 세운 것은 뽑히지 않고, 잘 껴안은 것은 빼앗기지 않으리니, 자손들이 이렇게 함으로써 조상에 대한 제사가 끊이지 않으리라.

 이를 내 몸에서 닦으면 그 덕이 참되고, 가문에서 닦으면 그 덕에 여유가 있고, 고을에서 닦으면 그 덕이 오래가고, 나라에서 닦으면 그 덕이 풍성하고, 온 세상에서 닦으면 그 덕이 널리 퍼지리라.

그러므로 몸으로써 몸을 보고, 가문으로써 가문을 보고, 고을로써 고을을 보고, 나라로써 나라를 보고, 온 세상으로써 온 세상을 보아야 한다.

우리는 어떻게 해서 온 세상이 그러하다는 것을 아는가? 바로 이것으로써 안다.

해설

1. '잘 세움[善建]'·'잘 껴안음[善抱]'의 관건은, 욕구와 본능의 주체로서 자기를 제 행위의 중심에 두지 않고, 즉 제 이익만을 좇으며 행동하지 않고, '불자(不自)~'의 관점에서 외물을 그대로 보고 대하는 것이다. 이는 바로 도(道)의 작동 방식이고 원리다. 자기만을 위하는 관점에서 세우고 껴안는 것은 견고할 수가 없다. 그래서 결코 오래가지 못하고, 뽑히고 빼앗길 수 있는 것이다.

'몸으로써 몸을 본다'라는 것은, 자신의 욕구와 본능으로써 보지 않고, 자신을 객관화해서 본다는 것이다. 그래야 그 덕이 참된 것이 된다는 것이다. 역시 자신을 '무기'·'불자~'의 관점에서 본다는 것이다.

'가문으로써 가문을 보고, 고을로써 고을을 보고, 나라로써 나라를 보고, 온 세상으로써 온 세상을 보아야 한다'라는 것 역시 바로 '무기'·'불자~'의 관점에서 대한다고 함을 적시한다. 이러한 관점에서는 결코 가문, 고을, 나라, 온 세상 등을 제 잇속 챙기기 위한 수단으로 볼 수가 없다. 따뜻한 마음으로 이들과 함께하는 것이다.

2. 권력을 가진 사람이, 부유한 사람이, 그 권력과 부(富)를 자기만의 것으로 움켜쥐려 해서는 결코 이것들을 오래도록 유지할 수가 없다. '권불십년(權不十年)'이고 '삼대 가는 부자가 없다'라고 했다. 내 몸에서 그 덕을 닦아서 가문, 고을, 나라, 온 세상 사람들과 그 권력과 부를 함께할 때, 오래 유지할 수 있다는 것이다.

3. 여기에서도 우리는 역설(逆說)을 확인하게 된다. '무기'·'불자~'의 관점에서 행해야 뽑히지도, 빼앗기지도 않아서

오래도록 유지할 수 있다고 하기 때문이다. 역시 이는 '있음〔有〕'의 차원에서 이해할 수 있는 것이 아니고, '없음〔無〕'의 차원에서라야 이해할 수 있는 것이다.

제55장

—

含德之厚, 比於赤子. 蜂蠆虺蛇不螫, 猛獸不據, 攫鳥不搏.
骨弱筋柔而握固, 未知牝牡之合而全(朘)怒, 精之至也. 終日
號而不嗄, 和之至也. 知和曰常, 知常曰明, 益生曰祥, 心使
氣曰强. 物壯則老, 謂之不道, 不道早已.

 덕을 두터이 함양하고 있는 사람은 갓난아이에 비유
할 수 있다.

 갓난아이들은 벌·전갈·독사·뱀도 쏘거나 물지 않
고, 맹수도 발톱으로 할퀴지 않으며, 맹금도 발톱으로
낚아채지 않는다.

 이들의 뼈는 약하고 근육은 부드러우나 손으로 움켜

쥠은 견고하다. 이들은 암컷·수컷이 흘레함은 알지 못하나 고추가 빳빳이 일어서니, 정기(精氣)가 지극한 것이다. 종일토록 울어도 목이 쉬지 않으니, 화기(和氣)가 지극한 것이다.

화합함을 아는 것을 '한결같음[常]'이라 하고, 한결같음을 아는 것을 '밝음[明]'이라 하고, 사는 것만을 보태어 감을 '재앙[祥]'이라 하고, 사심으로 기(氣)를 부림을 '억척스러움[强]'이라 한다.

물(物)들은 장성하면 늙어가니 이를 일러 '도답지 않음'이라 한다. 도답지 않으면 일찌감치 끝장난다.

해 설

1. 이 장에서 우리는 노자가 말하는 수양론의 일단을 확인할 수 있다. 이는 다름 아니라 뼈는 약하고 근육은 부드럽게 하는 것이며, 사심으로 기(氣)를 부리지 않는 것이다. 그리고 정기(精氣)와 화기(和氣)를 지극히 함이다. 또한 살려고 아등바

등하거나, 자신의 욕구와 본능을 충족시키기 위해 매진하는 것을 그만두는 것이다.

2. 이를 위해서, 삼라만상은 끊임없이 변하더라도 이 세상의 한결같음[常]을 유지하게 하는 것, 즉 도(道)를 아는 것이다. 도를 아는 밝음 속에서 보면, 살려고 아등바등하며 그 욕구와 삶에 집착하는 것이 오히려 재앙이 되고 자신의 생명을 단축하는 것임을 알 수 있다는 것이다. 역시 역설(逆說)이다.

3. 왕필은, 갓난아이는 추구하는 것도 없고 의욕하는 것도 없어 다른 것들을 범하지 않기에, 독충이나 독사가 그를 범하지 않는다고 풀이한다. 마찬가지로 덕을 함양함이 두터운 사람 역시 다른 것들을 범하지 않으므로 그 어떤 것도 그의 온전함을 손상하지 않는다고 풀이하고 있다.

4. '祥(상)'은 일반적으로 '瑞(서)'와 함께 써서 '상서(祥瑞)로움'을 의미하지만, 전혀 반대되는 의미에서 '재앙'이라는 말로 쓰이기도 한다. 여기에서는 후자의 의미로 쓰이고 있다. 한문에서는 이렇게 같은 글자가 전혀 상반되는 의미로써 쓰이는 것들이 있다.

—

제56장

知者不言, 言者不知. 塞其兌, 閉其門, 挫其銳, 解其分, 和其
光, 同其塵, 是謂元(玄)同. 故不可得而親, 不可得而疏, 不可
得而利, 不可得而害, 不可得而貴, 不可得而賤. 故爲天下貴.

아는 이는 말하지 않고, 말하는 이는 알지 못한다.

그 구멍들을 틀어막고, 그 문을 닫아라. 날카로움을
꺾고, 얽힌 것은 풀어라. 그 빛을 드러내지 않으며 함께
어울리고, 세속에 함께하라. 이를 일컬어 '현동(玄同)'이
라 한다.

이런 사람은 친하게 지낼 수도 없고 멀리할 수도 없
으며, 이롭게 할 수도 없고 해롭게 할 수도 없다. 또 귀

하게 할 수도 없고 천하게 할 수도 없다. 그러므로 이 세상 모든 이들이 그를 귀하게 여긴다.

1. 이 장에서 노자는 다시 인간의 '앎'에 대해 여전히 역설(逆說)로써 설파하고 있다. 이를 이해하기 위해서는, 말은 인간의 개념에 의존하고, 이 개념은 인간의 인식에 의존하며, 인간의 인식은 그 인식 기관들에 의존하는데, 이 인간의 인식 기관들이 철저하게 한정된 것만을 인식하게 되어 있음을 알아야 한다. 즉 인간의 인식은 '있음[有]' 차원에서 이루어지고, 한계를 지닌 것들을 대상으로 해서 이루어지며, 이 차원을 벗어날 수가 없다는 것이다. 따라서 인간의 인식은 근본적으로 한계를 지닐 수밖에 없고, 이에 의존하는 말도 한계를 지닌 것일 수밖에 없다. 이와 관련해서는 제1장, 제52장 및 관련되는 장들의 논의를 참고하기를 바란다.

2. 이 장에서 말하는 '앎[知]'은 보편적 앎, 즉 도에 대한 앎

이나 도에 대한 체득[體得]을 의미한다. 따라서 이 앎·체득은 인간의 말속에 다 들어오지 않는다. 즉 인간의 말로는 이를 표현해 낼 수 없는 것이다. 앞에서 말한 것처럼, 인간의 말은 '있음[有]'의 차원에 한정된 것임에 비해, 여기에서 말하는 '앎[知]'은 이를 초월한 '없음[無]'의 차원에서 이루어지는 것이기 때문이다. 그래서 노자는 여기에서, "아는 이는 말하지 않고, 말하는 이는 알지 못한다"라고 하는 것이다.

3. 『노자』에서 '구멍[兌]'과 '문[門]'은 인간의 인식 기관을 상징하는 것들이다. 인간은 그 얼굴에 뚫린 일곱 구멍을 통해 인식을 받아들이고, 문을 통해서 드나든다. 그런데 이들을 틀어막고[塞] 닫으라[閉] 하는 것은, 이들의 본래 기능을 지양(止揚)하라는 것이다. 이들은 근본적으로 한계 지어진 것들만을 인식하도록 만들어졌고, 따라서 도에 대한 앎은 이들을 통해서는 인식할 수 없기 때문이다.

4. 이렇게 틀어막고 닫음으로써 인간의 인식 기관들을 통해서 얻은 인식의 날카로움은 좌절되고 쓸모가 없어지고 만다[挫]. 그리고 한정된 조각 지식에 바탕으로 두고 서로 자기 의견을 고집함으로써 실타래처럼 얽혀 일으키는 인간의 시비

분란은 해체되어 버린다[解].

5. 그러므로 도를 아는 이[知道·體道者]는 그 인식의 환한 빛
[光]을 드러내지 않은 채 세속에 함께 어울리게 되는 것이다.
이른바 '화광동진(和光同塵)'이다.

6. 노자는 이곳에서 '화광동진'을 일컬어 '현동(玄同)'이라 하
고 있는데, '현(玄)'은 어둠 속에 있는 것처럼, 빛의 밝음이 제거
된 곳 속에 있는 것처럼, 구분되지 않는 전체를 의미한다. 도
를 아는 이는 이러한 차원에서 세속과 함께한다는 것이다. 그
러므로 노자의 철학에서는 '도를 안다', '도를 체득하였다'라고
하더라도 자기만의 세계로 가서 고립됨을 의미하지 않는다.

7. 다만 유한함과 '있음[有]'의 차원에서나 의미를 갖는 친
(親)·소(疏), 이(利)·해(害), 귀·천 등의 구분 등은 초월한다. 이
는 자기의 중심성을 해체한 채[無己] '불자(不自)~'의 원리로 살
아감을 뜻한다. 그리하여 보편의 존재가 되니, "세상 모든 이
들이 그를 귀하게 여긴다"라고 하는 것이다.

제57장

以正治國, 以奇用兵, 以無事取天下. 吾何以知其然哉? 以此:
天下多忌諱, 而民彌貧; 民多利器, 國家滋昏; 人多伎巧, 奇
物滋起; 法令滋彰, 盜賊多有. 故聖人云, "我無爲而民自化,
我好靜而民自正, 我無事而民自富, 我無欲而民自樸."

올바른 법으로써는 나라를 다스리고, 기이한 술수로
써는 군사(軍士)를 부리며, 일삼음이 없음으로써는 온
세상을 손에 넣는다. 나는 어떻게 이렇다는 것을 아는
가? 다음과 같은 까닭에서다:

세상에 금하는 것이 너무 많으면 백성들은 더욱 가난
해지고

백성들에게 날카로운 무기가 많아지면 국가는 더욱 어지러워지고

사람들에게 기교가 많아지면 기이한 것들이 더욱 출현하고

법령이 더욱 많아질수록 도적은 더욱 많아지더라는 것이다.

그러므로 성인께서는 말씀하시기를,

"내가 인위적으로 무엇을 전혀 하지 않으니[無爲] 백성들은 저절로 화하고, 내가 고요함을 좋아하니 백성들은 저절로 올발라지고, 내가 특정 일삼음이 없으니 백성들은 저절로 부유해지고, 내가 의욕을 냄이 없으니 백성들은 저절로 순박해지더라"라고 하였다.

해 설

1. 이 장에서 노자는 유가의 주장을 정면으로 반박하고 있

다. 유가에서는 사람 세상의 문제를 사람에 의해 해소할 수 있다고 하며 인위(人爲)를 주장함에 대해, 노자는 여기에서 이를 반박하며 '인위적으로 무엇을 함이 전혀 없음(無爲)'을 강조하고 있기 때문이다. 이는 인위, 즉 유위(有爲)를 부정하는 것이다.

2. 노자는 인위의 구체적인 예로서 금기(禁忌), 날카로운 무기, 기교, 법령 등을 들며, 이것들에 의할 때 소기의 목적을 얻기보다는 오히려 그 반대의 결과를 얻는다고 함으로써, 자신의 논지를 더욱 분명히 하고 있다.

3. '인위적으로 무엇을 함이 전혀 없음(無爲)'에 해당하는 것들이, 여기에서 노자가 강조하는 '고요함(靜)'·'특정 일삼음이 없음(無事)'·'의욕을 냄이 없음(無欲)' 등이다. 그런데 노자는 이렇게 하니 백성들은 오히려 저절로 화하고, 저절로 올발라지고, 저절로 부유해지고, 저절로 순박해진다고 하고 있다. 또 하나의 역설이다. 이것들이 노자 철학의 바탕을 이루고 있다.

제58장

—

其政悶悶, 其民淳淳. 其政察察, 其民缺缺. 禍兮, 福之所倚;
福兮, 禍之所伏. 孰知其極? 其無正. 正復爲奇, 善復爲妖, 人
之迷, 其日固久! 是以聖人方而不割, 廉而不劌, 直而不肆,
光而不燿.

정치가 덤덤하게 백성들의 웬만한 것을 눈감아 줄수
록 백성들은 더욱 순박해진다. 정치가 백성들의 모든
것을 샅샅이 살피고 들수록 백성들 삶은 그만큼 팍팍
해진다.

화(禍)여, 복이 기대고 있는 바로다.

복이여, 화가 엎드려 있는 바로다.

뉘라서 이 궁극을 알까, 그 정상이란 없다는 것을!

정상은 돌이켜 기이함이 되고, 착함은 돌이켜 요망함
이 되거늘,

사람들의 미혹됨이여, 이렇게 된 지가 오래되었도다!

이러한 까닭에 성인은 모나더라도 사람을 다치게 하
지 않고, 예리하더라도 사람을 베이게 하지 않고, 올곧
더라도 방자하지 않고, 빛나더라도 눈이 부시게 하지
않는다.

해 설

1. 이 장에서는 노자가 주장하는 무위(無爲) 정치의 구체적
인 예를 볼 수가 있다. 덤덤하게 정치를 시행하며 백성들의
웬만한 것은 눈감아 준다고 함이 그것이다. 이렇게 하니 백성

들이 순박해진다는 것은, 백성들의 삶이 그만큼 순탄해지고 살맛이 난다는 의미다. 이에 비해 정치가 백성들의 모든 것을 샅샅이 살피고 들어감은 유위(有爲) 정치의 극단적 예라고 할 수 있다. 이 결과는 백성들의 삶을 그만큼 팍팍하게 한다는 것이니, 그 결과 각박해서 더욱 살맛이 나지 않게 되는 것이다.

여기에서도 우리는 역설을 확인할 수 있다. 무엇을 해 보자고, 잘해 보자고 하면 할수록 백성들의 삶은 더 피폐해지고 팍팍해진다는 것이기 때문이다. 모든 것을 샅샅이 살피고 들어감에서 그 의도와 목표는 백성들에게 이롭게 하자는 데 있을 것이다. 그래야만 이러한 정치 행위가 정당성을 가질 수 있기 때문이다. 그래서 이렇게 시행했는데, 이 의도와 목표에 더욱 부합하게 시행했는데, 이렇게 하면 할수록 그 결과는 반대로 나온다는 것이다.

이러한 면은, "최고의 곧음은 마치 굽은 듯하고, 최고의 솜씨는 마치 서투른 듯하며, 최고의 언변은 어눌한 것 같다(大直若屈, 大巧若拙, 大辯若訥)"라고 하였던 제45장의 구절과도 일맥상통한다. 우리는 이러한 구절들을 통해 무위에 의한 정치를 하라고 함의 의미를 더욱 절실히 깨달을 수 있다.

2. 여기에서 우리는 '작은 정부'론과 정치적 불간섭주의가 의미 있는 것으로 다가옴을 확인하게 된다. 이는 제80장의 '소국과민(小國寡民)'론과도 연결된다. 이러한 정치는 필연코 '배제'가 아니라 '포용'의 정치로 귀결된다. 인위적인 틀과 기준을 내세우지 않기 때문이다. 그러므로 이들에 의해 순서 매김과 경쟁도 사라진다. 한국 교육에서 기인하는 '한국병'이 사라질 가능성이 여기에 있다.

3. 화(禍)·복(福), 정상[正]·기이[奇], 착함[善]·요망함[妖] 등은 서로 대대(對待)·변역(變易)의 관계에 있다. '화'는 '복'이 있기에 있고, '복'도 '화'가 있기에 있는 것이다. 다시 말해서 '복'이라는 것이 없으면 '화'라는 것도 없고, 그 역(逆)도 마찬가지다. 자신이 존재하기 위해서는 그 상반되는 것이 반드시 있어야 하고, 상반되는 것이 없으면 자신도 없는 관계, 이를 대대의 관계라 한다. '정상'이니 '기이'니, '착함'이니 '요망함'이니 하는 것들 사이에도 이 대대의 관계는 성립한다.

그런데 시간의 추이와 상황에 따라서 이 대대의 관계를 이루는 것들은 서로 뒤바뀐다[轉化]. 즉 '화'가 '복'이 되기도 하고,

'복'이 '화'가 되기도 하며, '정상'이 '기이'가 되기도 하고, '기이'가 '정상'이 되기도 한다. 또 '착함'이 '요망함'이 되기도 하고, '요망함'이 '착함'이 되기도 한다. 이를 '변역'이라 한다.

동아시아의 언어 사용에서 이 대대·변역의 관계에 있는 것들은 너무나 많다. 상(上)·하(下), 좌(左)·우(右), 전·후, 난(難)·이(易), 내(內)·외(外), 미(美)·추(醜) … 이 대대와 변역은 '있음[有]'의 차원이 아니라 '없음[無]'의 차원을 고려할 때 그 이해가 가능하다. 즉 '없음'의 차원을 이해하지 못하면 이 대대와 변역 논리에 대해서는 이해도 불가능하고, 받아들임도 불가능하다. 역설도 이 '없음'의 차원에서라야 이해하고 납득될 수 있다.

"화(禍)여, 복이 기대고 있는 바로다. 복이여, 화가 엎드려 있는 바로다", "그 정상이란 없다는 것을!", "정상은 돌이켜 기이함이 되고, 착함은 돌이켜 요망함이 되거늘"이라 하는 구절들은 이 대대·변역 논리를 바탕으로 해서 이해해야 제대로 납득이 된다. "성인은 모나더라도 사람을 다치게 하지 않고, 예리하더라도 사람을 베이게 하지 않고, 올곧더라도 방자하지 않고, 빛나더라도 눈이 부시게 하지 않는다"라는 구절도 마찬가지다.

'사람들의 미혹됨'이란 이 대대·변역의 논리를 이해하지 못함에 기인하는 것이다. 이를 지적하며 일깨움을 주는 노자의 철학은 그만큼 심오하다고 할 수 있다.

제59장

—

治人・事天莫若嗇. 夫唯嗇, 是以早服. 早服, 謂之重積德. 重
積德, 則無不克. 無不克, 則莫知其極. 莫知其極, 可以有國.
有國之母, 可以長久. 是謂深根固柢・長生久視之道.

　사람을 다스리고 하늘을 섬김에서는 아낌보다 나은
것이 없다. 오직 아끼기에 잃어버리기 전에 일찌감치
보전한다. 잃어버리기 전에 일찌감치 보전함을 일컬어
'거듭 덕을 쌓음'이라 한다. 거듭거듭 덕을 쌓으면 해내
지 못할 것이란 없다. 해내지 못할 것이 없으니, 그 궁
극을 알지 못한다. 궁극을 알지 못함이라야 나라를 다
스릴 수가 있다.

나라를 다스리는 어머니는 영원할 수 있다. 이를 일
컬어 '뿌리를 깊게 하고 꼭지를 단단히 함·길이길이 살
아서 오래도록 봄의 도'라 한다.

해 설

1. 이 장에서 노자는 수련(修練)에 대해서 말하고 있다. 이
것이 사람으로서는 기(氣)와 정(精)을 아끼며 함부로 써 버리지
않음을 의미하는데, 노자는 여기에서 이를 나라에 적용해서
는 백성들의 재물을 아낌으로 연결하고 있다.

2. 하상공은 이를 풀이하여, 나라를 다스리는 자는 마땅히
백성들의 재물을 아끼며 사치를 부리지 않아야 하고, 제 몸을
다스리는 자는 마땅히 정(精)·기(氣)를 아끼며 함부로 써 버리
지 않아야 한다고 하고 있다.

3. 조선시대 후기 영조(英祖)·정조(正祖) 연간에 활약한 북학
파의 거두 서명응(徐命膺, 1716~1787)은 '조복(早服)'에 대해, 잃어
버리기 전에 일찌감치 보전하라는 의미로 풀이하고 있다. 그

는 이 구절에 대해, "수양하는 사람이 몸이 아직 손실되지 아니했는데도 또한 아끼어 이를 기를 수 있다면 이를 '일찌감치 아끼며 거듭 쌓음[早服以重積]'이라 할 수 있다. 이미 손상되고 난 뒤에 함양하면 충분히 손상된 것을 보완할 수 있겠으나, 이를 '거듭 쌓음[重積]'이라 할 수는 없다. 조복(早服)을 귀하게 여기는 사람은 손상되지 않았을 때 아낀다"라고 풀이하고 있다.(『道德指歸』, 제59장) 여기에서는 이 서명응의 풀이에 근거하여 번역하였다.

4. '나라를 다스리는 어머니'에서 '어머니'는 도(道)를 상징한다.

5. '深根固柢(심근고저)'의 '柢(저)' 자에 대해, 하상공이든 왕필이든, 모두 '蒂(체)' 자로 보고 있다. '柢'는 뿌리를, '蒂'는 꼭지를 의미한다. '꼭지'는 '잎이나 열매가 가지에 달려 있게 하는 짧은 줄기'라 한다.(표준국어대사전) 이 꼭지가 단단해야 잎이나 열매가 떨어지지 않고 붙어 있을 수 있다. 앞선 '根' 자가 이미 뿌리를 의미하므로 중복을 피해 '꼭지'라 하는 것이 문맥으로 볼 때 더 자연스러워 보인다. 그래서 하상공과 왕필을 좇아서 이렇게 번역하였다.

6. '뿌리를 깊게 하고 꼭지를 단단히 함[深根固蔕]'에 대해 하상공은, "사람은 기(氣)를 뿌리처럼 정(精)을 꼭지처럼 할 수 있어야 하는데, 만약에 뿌리 내린 것이 깊지 않다면 가지와 꼭지가 단단하지 않을 것이고, 이들이 단단하지 않으면 떨어져 버리고 만다. 이는 기(氣)를 깊이 저장하고 그 정(精)을 단단하게 지켜서 조금도 새 나가지 않게 해야 함을 말하는 것이다"라고 풀이하고 있다.

7. '길이길이 살아서 오래도록 봄[長生久視]'은 도가와 도교의 궁극 목표를 한마디로 요약하는 말이다. '불로장생(不老長生)'과도 같은 의미다.

제60장

—

治大國, 若烹小鮮. 以道莅天下, 其鬼不神, 非其鬼不神, 其
神不傷人; 非其神不傷人, 聖人亦不傷人. 夫兩不相傷, 故德
交歸焉.

큰 나라 다스리기는 작은 생선 지지듯이 해야 한다.
도로써 그 세상에 임하면 인귀(人鬼)가 까탈을 부리지
못하는데, 인귀가 까탈을 부리지 못할 뿐만 아니라, 땅
귀신·하늘 귀신들도 이 사람에게 상처를 주지 못한다.
땅귀신·하늘 귀신들이 이 사람에게 상처를 주지 못할
뿐만 아니라, 성인 또한 이 사람에게 상처를 주지 못한
다. 양쪽이 서로 상처를 주지 못하니, 덕은 주고받으며

돌아간다.

1. 여기에서 노자가 강조하는 것은 나라 다스림과 수련(修練)이 같은 원리라는 것이다. 흔들어 대거나 번잡스럽게 해서는 안 된다는 것이다. 그저 도(道)대로 하고, '저절로 그러함[自然]'에 내맡겨야 한다는 것이다.

2. 작은 생선을 지질 적에 자꾸 뒤집거나 만져 대면 부스러져 버리고 만다. 그래서 조심스레 다루어야 한다. 큰 나라도 이렇게 다스려야 한다는 것이다.

3. 이렇게 도대로 하는 사람에게는 사람이 죽어서 되는 인귀는 물론, 땅귀신[地祇]·하늘 귀신[天神]도 까탈을 부릴 이유가 없다. 심지어 성인(聖人)조차도 해악을 입히지 못한다. 이러한 사람은 도처럼 '없음[無]' 차원의 존재여서 이들에게 어떤 부담이나 해악을 끼치지 않기 때문이다.

제61장

一

大國者下流, 天下之交, 天下之牝. 牝常以靜勝牡, 以靜爲下.
故大國以下小國, 則取小國; 小國以下大國, 則取大國. 故或
下以取, 或下而取. 大國不過欲兼畜人, 小國不過欲入事人.
夫兩者各得其所欲, 大者宜爲下.

큰 나라는 물의 흐름으로 보면 하류에 해당한다. 하
류는 세상의 모든 물이 만나는 곳이니, 이 세상의 암컷
이다. 암컷은 늘 '가만히 있음[靜]'으로써 수컷을 이기는
데, 그 비결은 이렇게 가만히 있음으로써 아래가 되는
것이다.

그러므로 큰 나라가 작은 나라에 낮추면 작은 나라를

얻게 되고, 작은 나라가 큰 나라에 낮추면 큰 나라를 얻게 된다. 그러므로 어떤 나라는 낮추기 때문에 얻고, 어떤 나라는 낮추더라도 얻는다.

큰 나라는 겸하여 사람들 기르고자 함을 벗어나지 않고, 작은 나라는 들어가서 사람 섬기고자 함을 벗어나지 않는다. 양자가 각기 원하는 것을 얻고자 할진대, 큰 나라가 마땅히 낮추어야 한다.

해 설

1. 노자는 이 장에서 나라들이 교류함에서 가장 이상적인 자세를 제시하고 있다. 그것은 다름 아니라 '자기를 낮춤[下]'·'먼저 나서지 않음[牝]'·'가만히 있음[靜]' 등이다. 모두가 '무위(無爲)'·'허정(虛靜)'에 입각한 것들이다.

2. '큰 나라는 하류에 해당한다'라고 하는 것은, 온갖 강이나 개울물이 모두 하류로 모여든다는 의미를 취한 것이다. 여기에서 핵심은 '자기를 낮춤[下]'이다.

3. 큰 나라든, 작은 나라든, 모두 이 '자기를 낮춤'에 의해 다른 나라를 얻게 되는데, 큰 나라는 작은 나라의 추종을, 작은 나라는 큰 나라의 신임을 얻게 되는 것이다.

4. 노자는 여기에서 '큰 나라는 겸하여 사람들을 기르고자 함에 지나지 않는다'라고 하여, 큰 나라가 작은 나라와 교류함에서 그 강한 국력을 이용하여 작은 나라를 약탈하거나 억압하는 것이 아니라, 작은 나라의 사람들과 함께 더불어 번영함에 그 교류의 목적이 있음을 분명히 하고 있다. 그리하여 큰 나라는 작은 나라 사람들의 마음을 얻어야 한다. 이러한 전제에서 작은 나라는 큰 나라의 품에 들어가서 그 나라 사람을 섬김으로써 제 나라의 입지를 공고히 할 수 있을 것이다.

그런데 노자는 여기에서 큰 나라, 작은 나라, 둘이 교류하면서 각기 원하는 것을 얻으려면, 큰 나라가 마땅히 낮추어야 한다고 하고 있다. 큰 나라가 '자기를 낮춤'의 미덕을 발휘하는 것이 관건이라는 것이다. 큰 나라의 이러한 덕 발휘가 양국 관계를 좋은 관계로 맺음에서 결정적 영향을 미치기 때문이다. 작은 나라가 자기를 낮추어 보았자 그 영향력은 그만큼 작을 것이기 때문이다.

제62장

—

道者, 萬物之奧, 善人之寶, 不善人之所保. 美言可以市, 尊行可以加人. 人之不善, 何棄之有? 故立天子, 置三公, 雖有拱璧以先駟馬, 不如坐進此道. 古之所以貴此道者何? 不曰以求得, 有罪以免邪? 故爲天下貴.

　도라는 것은 오묘한 존재로서 만물을 주관하는 것이라, 잘하는 사람에게는 보배와 같은 존재이고, 못하는 사람에게도 보호해 주는 존재다. 아름다운 말은 이 도에 의해 존귀함을 가져올 수 있고, 아름다운 행위는 이도에 의해 남들보다 높아질 수 있다. 또한 사람의 칠칠하지 못함이라 하여 이 도가 어찌 버리겠는가?

그러므로 천자를 세우고 삼공(三公)을 설치하여 아름드리 옥을 네 필의 말이 끄는 수레에 앞세운다고 한들, 앉아서 이 도를 진헌(進獻)하는 것보다는 못하리라.

예부터 사람들이 이 도를 존귀하게 여긴 까닭은 무엇이겠는가? 다름 아니라, "구하면 이 도로써 얻고, 죄가 있다 하더라도 이 도로써 용서가 된다"라고 하지 않던가! 그러므로 도는 이 세상에서 고귀한 것이다.

해 설

1. 이 장에서 노자는 도가 만물을 보편으로, 무차별, 무한량으로 포용하며 존재하도록 하기에, 존귀한 존재가 된다고 하고 있다. 이것은 사람의 관점에서나 가능한 가치의 매김을 초월하는 것이다.

2. 삼공(三公)은 중국 고대 중앙 관직의 최고위직을 일컫는다. 시대적으로, 또 나라마다 달랐는데, 주나라에서는 태사(太師)·태부(太傅)·태보(太保)를, 서한(西漢)에서는 승상(丞相, 大司

徒)·태위(太尉, 大司馬)·어사대부(御史大夫, 大司空)를, 동한(東漢)에서는 태위·사도(司徒)·사공(司空)을, 당·송나라에서는 동한의 제도를 따라서 태위·사도·사공을, 명·청나라에서는 주나라의 제도를 따라서 태사·태부·태보를 각각 '삼공'이라 하였다.

3. "천자를 세우고 삼공(三公)을 설치하여 아름드리 옥을 네 필의 말이 끄는 수레에 앞세운다고 한들, 앉아서 이 도를 진헌(進獻)하는 것보다는 못하리라"라고 하는 것은, 유가의 방식에 의해서 사람 세상의 문제를 해결하는 것[人爲·有爲]보다, 도(道)대로 살며 '저절로 그러함[自然]'에 의해 문제를 해결하는 것[無爲]이 더 낫다는 것을 의미한다.

제63장

爲無爲, 事無事, 味無味. 大小多少, 報怨以德. 圖難於其易,
爲大於其細. 天下難事, 必作於易; 天下大事, 必作於細. 是
以聖人終不爲大, 故能成其大. 夫輕諾必寡信, 多易必多難.
是以聖人猶難之, 故終無難矣.

'인위적으로 무엇을 함이 없음[無爲]'을 행하고, '특정
일삼음이 없음(無事)'을 일로 삼으며, '아무런 맛도 없음
[無味]'을 맛으로 여겨라. 크거나 작거나, 많거나 적거나,
원한은 덕으로써 갚아라.

어려운 것은 쉬울 적에 그 해결을 도모하고, 큰 것은
미세할 적에 해치워라. 이 세상 어려운 일은 반드시 쉬

운 데서부터 일어나고, 이 세상 큰일은 반드시 미세한 데서부터 일어난다. 이러한 까닭에 성인은 끝내 큰일을 하지 않으니, 그래서 큰 것을 이룰 수 있다.

가볍게 승낙함은 반드시 믿음이 적기 때문이고, 쉽게 여김이 많으면 반드시 어려움이 많아진다. 이러한 까닭에 성인은 오히려 어렵게 여기나니, 그러므로 끝내 어려움이 없는 것이다.

해 설

1. 이 장에서 "크거나 작거나, 많거나 적거나, 원한은 덕으로써 갚아라(大小多少, 報怨以德)"라고 한 부분은 이해가 쉽지 않다. 앞뒤 문맥과 연결되지 않고 돌출되어 보이기 때문이다. 따라서 역대 제가들은 이 구절에 대해 매우 다른 풀이들을 제시하였다. 심지어 어떤 학자는 "원한은 덕으로써 갚아라(報怨以德)"라는 구절을 착간(錯簡)으로 보고 제79장의 "和大怨, 必有餘怨"의 뒤에 붙여서 풀이해야 한다고 주장하기도 했다.[20] 따라

서 나는 여기에서 이러한 여러 설을 무시하고 나의 관점에 따라서 번역하였다.

2. 공자는 누군가가 "덕으로써 원한을 갚는 것은 어떻습니까?"라고 물은 데 대해, "원한을 어찌 덕으로써 갚는단 말인가? 원한은 직(直)으로써 갚는 것이고, 덕에 대해서라야 덕으로써 갚는 것이다"라고 하였다.[21] '직'으로써 갚는다는 것은, 법률이나 합리성 등에 근거하여 원한에 상응하게 갚는다는 것이다. '있음[有]'의 논리에 충실한 공자다운 답변이라 할 수 있다.

그러나 이에 관한 노자의 해결책은 '없음[無]'의 차원에서 제시하는 것이다. 크건 작건, 많건 적건, 원한을 덕으로써 갚는 것이 근본적인 해결책이라 보고 있기 때문이다. 이는 '없음'의 차원에서라야 실현할 수 있고 또 받아들일 수도 있다. '없음'의 차원에서는 원한들이 모두 '없음[無]'으로 환원되어 버리기 때문이다. 이렇게 볼 때, 이 구절은 앞 구절에서 "'인위적

---

20 餘秋雨, 『老子通釋』 / 陳鼓應, 『老子今注今譯及評介』.
21 『論語』, 「憲問」: 或曰, "以德報怨, 何如?" 子曰, "何以報德? 以直報怨, 以德報德."

316 하편 | 덕경(德經)

으로 무엇을 함이 없음[無爲]'을 행하고, '특정 일삼음이 없음(無事)'을 일로 삼으며, '아무런 맛도 없음[無味]'을 맛으로 여겨라" 라고 한 것과 모순 없이 연결된다고 할 수 있다. 함[爲]·일삼음 [事]·맛[味] 등을 무위(無爲)·무사(無事)·무미(無味)의 차원에서 하라 하고 있기 때문이다.

3. "성인은 끝내 큰일을 하지 않으니"라는 것은, 성인은 늘 어려운 것은 쉬울 적에, 큰 것은 미세할 적에 도모한다는 의미다. 그러므로 성인이 하는 일은 어려운 일이나 큰일로 번져 나아가지 않으니, 성인은 늘 쉽고 미세한 일만 할 수 있는 것이다.

제64장

其安易持; 其未兆易謀; 其脆易泮; 其微易散. 爲之於未有,
治之於未亂. 合抱之木, 生於毫末; 九層之臺, 起於累土; 千
里之行, 始於足下. 爲者敗之, 執者失之. 是以, 聖人無爲故
無敗, 無執故無失. 民之從事, 常於幾成而敗之. 愼終如始,
則無敗事. 是以聖人欲不欲, 不貴難得之貨; 學不學, 復衆人
之所過. 以輔萬物之自然而不敢爲.

안정된 국면에서는 유기하기가 쉽고, 조짐이 아직
드러나지 않은 상황에서는 도모하기가 쉬우며, 언 것
이 여려서 단단하지 않을 적에는 녹아서 풀리기가 쉽
고, 미세할 적에는 흩트리기가 쉽다. 무엇이든 아직 있지 않을 적에 해야 하고, 아직 혼란스럽지 않을 적에 다스려야 한다. 아름드리나무도 생겨날 적에는 털끝만했고, 9층이나 되는 누대도 한 무더기 흙에서부터 일어났으며, 천 리 길도 발밑에서부터 시작한다.

인위적으로 하는 이는 실패하고, 집착하는 이는 잃어버린다. 이러한 까닭에 성인은 인위적으로 하지 않아서 실패함이 없고, 집착함이 없어서 잃어버림이 없다.

사람들이 일하는 것을 보면, 늘 거의 다 이루어진 상태에서 실패하는데, 끝날 즈음에도 처음처럼 신중하면 실패할 일이 없을 것이다.

이러한 까닭에 성인은 '욕심내지 않음'을 욕심으로 삼고, '얻기 어려운 재화'를 귀하게 여기지 않는다. '배우지 않음'을 배움으로 삼고, 뭇사람들이 잘못한 것을 회복한다. 이렇게 하여 만물의 '저절로 그러함[自然]'을 도울 뿐 감히 인위적으로 하지 않는다.

1. 이 장에서 노자가 말하고자 하는 것은 비교적 쉽게 이해되리라 본다. 여기에서 노자가 강조하는 것은, 무엇이든 한참 진행되어 버린 상황에서 꾀하지 말고, 비롯할 적의 미세함에서 꾀하며, 끝까지 신중히 처리하라는 것이다.

2. 성인은 '욕심내지 않음'을 욕심으로 삼는다, '얻기 어려운 재화'를 귀하게 여기지 않는다, '배우지 않음'을 배움으로 삼는다라고 하는 것에서 우리가 확인할 수 있는 것은 '없음 [無]'의 논리에 자리 잡은 역설이다. 이는 '있음[有]'의 차원에서는 아무리 인위적으로 애써도 그 궁극적 해결 방안이 없고, 이를 지양(止揚)한 '없음'의 차원에서라야 궁극적 해결의 장이 열린다는 의미다. 바로 이 점이 『노자』 전반을 관류하고 있다. 따라서 이 점을 이해해야 『노자』는 제대로 읽힌다고 할 수 있다.

제65장

古之善爲道者, 非以明民, 將以愚之. 民之難治, 以其智多.
故以智治國, 國之賊; 不以智治國, 國之福. 知此兩者亦稽式.
常知稽式, 是謂元(玄)德. 元(玄)德深矣, 遠矣, 與物反矣, 然
後乃至大順.

　옛날부터 도(道)를 잘 행하는 사람은 백성들을 깨우치
지 않고 어리석게 두었다. 백성들을 다스리기 어려운
까닭은 그들이 지식이 많기 때문이다.

　그러므로 지식으로써 나라를 다스리는 것은 나라를
해치는 것이요, 지식으로써 나라를 다스리지 않는 것이
야말로 나라의 복이다.

이 두 가지를 아는 것 또한 준칙이다. 늘 이 준칙을 알아야 하니, 이를 일컬어 '원덕(元德)·현덕(玄德)'이라 한다.

원(현)덕은 심오하고도 원대하다. 물(物)들의 차원과는 상반되노니, 이렇게 한 뒤에라야 '위대한 순조로움[大順]'에 이른다.

해설

1. 이 장에서는 노자의 반지식론이 잘 드러나 있다. 노자가 왜 지식을 배격하는지에 대해서는 앞에서 많이 이야기했다. 여기에서 다시 한번 노자가 반지식론을 펼치는 배경을 유추해 보면 다음과 같다.

2. 첫째, 근본적으로 인간의 지식은 '있음[有]'의 차원에서 형성되기 때문에, 이 지식 자체가 상대적이어서 불완전하다는 특징을 지니고 있다. 인간의 지식은 절대적이지 않은 것이다. 따라서 이것에 집착하고 자기 지식에 바탕을 둔 견해를

고집하면, 이 자체로 문제를 야기할 수밖에 없다. 시비(是非)의 분란 양상을 낳는 것이다. 서구의 과학사에서 이 문제 양상은 쉽게 발견할 수 있다.

3. 둘째, 이러한 지식은 불균형·불평등을 낳을 수밖에 없다. 지식에 접근할 수 있는 사람과 그럴 수 없는 사람이 원천적으로 구분되어 있기 때문이다. 그래서 지식에 접근할 수 있는 사람은 지식을 많이 소유할 수 있고, 그렇지 못한 사람은 지식을 소유할 수 없거나 더 적게 소유할 수밖에 없다. 과거 봉건제 사회에서는 이러한 양상이 약여(若如)하게 드러났다. 그런데 이 지식의 소유·점유 여부가 계급을 결정하는 것으로까지 영향력을 미쳤다. 즉 지식을 소유·점유하고 있는 사람들이 지배계급이 되는 데서 정당성을 부여한 것이다.

4. 셋째, 지식을 많이 소유·점유한 지식인들이 일으키는 문제 양상 또한 심각하다. 이 지식을 나쁘게 활용하는 사람들에 의해 국가와 사회는 심각한 혼란에 빠지기도 한다. 역사적으로 보면 지식인들이 매국(賣國)에 앞장서고, 다른 나라가 자기 나라를 지배하는 데 부역하며 그 체제를 공고히 해 주기도 하였다. 또 곡학아세(曲學阿世)로서 부정·부패한 권력이 끝없

이 발호하는 데 기여하기도 하였다. 오늘날에 와서도 독재 정권의 전횡, 나쁜 재벌의 부정·불의하면서도 끝이 없는 이익추구, 친일·반민족 세력의 일제 강점기 미화와 식민사관 형성 및 전파에서 이 지식인들은 지식을 악용하고 있다.

5. 넷째, 지식을 소유·점유한 사람들이 지식을 소유하지 못하거나 덜 소유한 사람들을 속이고 농락하는 데서 지식을 활용하는 문제점이다. 이는 세칭 '법꾸라지'와 같은 전문 지식인과 사기꾼들에게서 쉽게 드러나는 양상이다. 아울러 한국 언론의 신빙성을 오이시디(OECD) 국가들 중 최하위권에 속하게 하는 이른바 '기레기'들도 여기에 속한다고 할 수 있다.

6. 다섯째, 잘못된 지식이 그것을 사용하는 사람의 주체성과 판단력을 질곡하고 마비시켜 버리는 점이다. 이는 특히 이데올로기와 사이비종교에 함몰된 사람들에게서 흔하게 나타난다. 잘못된 이데올로기에 전염된 사람은 세상을 객관적으로 보지 못하고 합리적인 판단을 내리지 못한다. 진영 논리에 갇혀서 자기 진영은 다 선(善)이고 상대 진영은 다 악(惡)이라는 선입관에서 한 치도 벗어나지 못한다. 아무리 객관적 자료를 제시하며 그의 생각과 판단이 잘못되었음을 알려주더라도

마이동풍(馬耳東風)이다. 사이비종교에 영혼을 사로잡힌 사람들도 마찬가지다. 그들의 교리에서 완전히 마비되고 함몰된 증상을 보인다.

7. 물론 지식이 갖는 순기능도 있다. 인간을 무지몽매함에서 벗어나게도 하고, 이를 활용하여 더 나은 생활을 영위할 수 있도록 해 주기 때문이다. 인류의 역사를 진보·발전시킨다는 것은 엄연하여 부인하기 어렵다. 그러나 노자는 지식이 갖는 이러한 순기능보다는 역기능의 문제가 더 크다고 보고, 이렇게 반지식론을 펼치고 있는 것으로 보인다. 이는 지식에 의해 사람이 가진 문제점을 해소할 수 있다고 본 순자의 지식론과 정반대의 입장에 서 있는 것이기도 하다.

8. '물(物)들의 차원과는 상반되노니[與物反矣]'라 한 구절은 하상공의 풀이에 근거하여 번역한 것이다. 하상공은 "현덕을 지닌 사람은 만물과는 서로 반대될 정도로 다르니, 만물은 자신에게 이익이 되는 것을 욕구함에 비해, 현덕을 지닌 사람은 남들에게 베푼다"라 하고 있다.

제66장

—

江海所以能爲百谷王者, 以其善下之, 故能爲百谷王. 是以欲
上民, 必以言下之; 欲先民, 必以身後之. 是以聖人處上而民
不重, 處前而民不害. 是以天下樂推而不厭. 以其不爭, 故天
下莫能與之爭.

　강과 바다가 모든 골짜기의 왕이 될 수 있는 까닭은
이것들이 자신을 잘 낮추기 때문이다. 그래서 모든 골
짜기의 왕이 될 수 있는 것이다. 이러한 까닭에 백성들
의 윗자리에서 다스리고자 한다면 반드시 말로써 자기
자신을 낮추어야 한다. 또 백성들의 앞에 서서 이끌어
가고자 한다면 반드시 자기 자신을 뒤로 돌려야 한다.

이러한 까닭에 성인(聖人)은 윗자리에 있더라도 백성들이 무겁게 느끼지 않고, 앞에 서서 이끌어 가더라도 백성들이 그에게서 피해를 보지 않는다. 이러한 까닭에 온 세상 사람들이 그를 추대할 뿐 싫어하지 않는다. 그가 다투지 않기 때문에 온 세상 사람 가운데 그 누구도 그와 다툴 수가 없다.

해설

1. 이 장에서 노자가 말하고자 하는 '겸하(謙下)'·'부쟁(不爭)'에 담긴 역설의 미덕이다. 자신을 낮추고, 남들과 경쟁하지 않는 것이 가져다주는 이로움이다. 이는 단순히 수치상으로 드러나는 이로움이 아니고, 절대적인 이로움이라 하고 있다. 다만 이들 미덕은 아무나 실행할 수 있는 것이 아니고, 성인의 경지에 오른 사람이라야 할 수 있다는 것이다.

그렇다고 해서 보통 사람은 아예 자신의 영역에 속하지 않는다고 여겨서 포기해야 할까. 이렇게 하는 것은 노자가 원하는 것이 아니다. 이러한 역설의 미덕을 알려주며 가능한 한, 또 힘껏 이 실현에 노력하라는 것이 노자가 바람이라 보아야 한다.

2. '겸하'·'부쟁'이 역설의 미덕이 됨은 '없음[無]'의 차원에서 알 수 있다. '있음[有]'의 차원에서는 이것들이 미덕이 되지 않는다. '있음'의 차원에서 보통 사람은 남들에게 자신을 낮추기는커녕 남들의 위에 서고자 하며, 어떻게 해서든 경쟁하고 그 경쟁에서 이기려 든다. 승자와 패자를 가르는 기준이 여기에 있다. 그래서 '있음'의 차원에서는 자신을 남 밑으로 낮춤과 경쟁에서 뒤처짐이 원천적으로 용납되지 않는다.

지금 대한민국 서울 강남의 논리가 바로 이러하다. 이곳의 풍토에서는, 물질적으로든 권력으로든, 남들의 위에 서고 남들과의 경쟁에서 이기는 것을 최고의 미덕으로 여긴다. 그리고 승자로 여긴다. 반대로 경쟁에서 뒤처지거나 남들의 밑에 서는 사람들은 곧 패자로 간주한다. 그래서 이들은 친구 사귐도, 사돈을 맺음도 이 승자들끼리만 가지려 하며, 패자들은 철저하게 배격하고 무시한다. 재벌 4세 아이들의 행태에서 이는 극단적으로 표출되기도 한다.

식당에서 아이가 천방지축으로 날뛰면서 분위기를 흐려도 식당 주인이나 종업원이 이를 제재하기가 난처하다. 만약에 제지할작시면 그 부모나 친지들이 금방 "우리 아이 기죽이지 마라!"라고 하며, 눈에 쌍심지를 돋우고 목에 핏발을 세우며 제지하는 이를 몰아세운다. 그래서 전전긍긍할 뿐 이 아이를 제지하지 못한다.

그런데 생각해 보라, 이렇게 자란 아이가 앞으로 자라서 어떤 사람이 되며, 주변 사람들에게 어떻게 대할지를! '윗자리에 있더라도 백성들이 무겁게 느끼지 않고, 앞에 서서 이끌어가더라도 백성들이 그에게서 피해를 보지 않는다'고 하는 것과는 정반대의 인간이 되지 않겠는가. 이러한 사람들만이 살아가는 세상에서라면 그 삶이 얼마나 각박하고 피폐한 것이겠는가.

바로 이 대목에서 노자의 '겸하'·'부쟁'은 엄청난 무게를 지닌 경구(警句)로서 다가올 것이다. 각박하고 피폐한 세상을 살맛 나는 것으로 바꾸어 줄 수 있기 때문이다. 사실 어떤 세상에서든 그 사회의 영웅이나 의인으로 칭송받는 사람들은 대부분 이 '겸하'·'부쟁'의 미덕을 실현한 사람들이다. 이들의 이러한 삶과 행동으로 다른 사람들의 삶이 나아지거나 그들이 지닌 문제가 해소되기 때문이다.

3. '겸하'·'부쟁'은 '있음'의 차원에서 의미와 가치를 갖는 것들을 모두 무화(無化)시켜 버리는 '없음'의 차원에서라야 인정받을 수 있고 그 실현도 가능하다. '있음'의 차원에서 의미와 가치를 갖는 것들을 그대로 둔 채로는 '겸하'·'부쟁'이 설 자리가 없다. 서울의 강남과 같은 곳에서도 '겸하'·'부쟁'이 미덕일까. 그 대답은 다분히 회의적이리라 본다. 이렇듯 '없음'의 차원에서나 가능한 원리를 제시하고 있기에 노자의 철학은 그만큼 심오하다고 할 수 있다.

제67장

—

天下皆謂我道大, 似不肖. 夫唯大, 故似不肖. 若肖, 久矣其細也夫! 我有三寶, 持而保之: 一曰慈, 二曰儉, 三曰不敢爲天下先. 慈, 故能勇; 儉, 故能廣; 不敢爲天下先, 故能成器長. 今舍慈且勇, 舍儉且廣, 舍後且先, 死矣! 夫慈, 以戰則勝, 以守則固. 天將救之, 以慈衛之.

　세상 사람들은 모두 말하기를, 나의 도는 크며, 그 어떤 것도 닮지 않았다고 한다. 오직 크기에 아마 그 어떤 것도 닮지 않은 것처럼 보일 것이다. 그렇지 않고 무엇인가를 닮았다고 한다면, 아마 오래전에 쇠미해졌을 것이로다!

나에게는 세 가지 보배가 있으니, 나는 이들을 간직하고 보전하겠다. 하나는 자애로움이요, 둘은 검소함이요, 셋은 감히 이 세상의 선구가 되지 않음이다. 자애롭기에 용기를 낼 수 있고, 검소하기에 그 미치는 범위가 광대해질 수 있으며, 감히 이 세상의 선구가 되지 않기에 만물의 우두머리가 될 수 있다.

그런데 지금 자애로움을 버린 채 용기를 추구한다거나, 검소함을 버린 채 미치는 범위의 광대함을 추구하거나, 뒤로 서는 것을 버린 채 선구가 되려 한다면, 그 결과는 죽음일 것이다.

대저 자애로움으로써는 싸우면 이기고, 수비하면 견고하다. 하늘이 장차 누군가를 구하려 할진대, 자애로써 그를 지켜줄 것이다.

해 설

1. 이 장에서 노자가 전해 주는 메시지의 취지는 앞 장과

비슷하다. '자애로움'·'검소함'·'감히 이 세상의 선구가 되지 않음' 등은 앞장에서 논한 '겸허(謙虛)'·'부쟁(不爭)' 등과 일맥상통하기 때문이다. 이들 역시 '없음(無)'의 차원에서라야 이해도 가능하고 실현도 가능한 것들이다. 즉 '있음(有)'의 차원에서 효력이 있는 것으로서, 자신을 드러내고 남들보다 앞서기 위해 살벌하게 임하는 것들과는 상반되는 것들이다.

2. '나의 도는 크며, 그 어떤 것도 닮지 않았다고 한다. 오직 크기에 아마 그 어떤 것도 닮지 않은 것 같다'라는 것은, 이 도가 '없음(無)'의 차원에 있는 것임을 암시한다. '있음(有)'의 차원에 있는 것이라면, 우리의 인식 속에 들어올 수 있으리니, 그렇다면 어떤 것을 닮았다고 할 수 있을 것이다. 그러나 이 도는 '없음'의 차원에 있는 것이고, 우리의 관념에는 '있음'의 차원에 있는 것들만 있으므로, 우리로서 이 도는 그저 '크다'라고만 할 수 있고, 우리의 관념 속 그 어떤 것도 닮지 않았다고 할 수밖에 없다. 이는 제28장에서 "나는 그 이름을 모르나니, 억지로 '도(道)'라 자(字)를 붙이고, 억지로 '크다'라 이름을 붙인다"라고 했던 것과 일맥상통한다.

3. '무엇인가를 닮았다고 한다면, 아마 오래전에 쇠미해졌

을 것이로다!'라는 것은 역시 '있음[有]'의 차원에 있는 것들을 말한다. 이 차원에 있는 것들은, 시·공간에 한정되는 것들이기에 보편이 아닌 특수의 존재가 되며, 생(生)·멸(滅)의 장(場)을 갖는다. '오래전에 쇠미해졌을 것이로다'라는 것은, 바로 특수로서 시간에 국한됨을 적시하는 말이다.

4. 그러므로 '있음[有]'의 차원에서 발생하는 사람의 문제를 해소하자면, '없음[無]'의 차원에 있는 '자애로움'·'검소함'·'감히 이 세상의 선구가 되지 않음' 등의 미덕을 빌릴 수밖에 없다. 노자가 여기에서 이것들이 하늘의 덕이라고도 함에는 이러한 논리가 담겨 있다. 따라서 신중국 건설 직후의 중국 철학자들처럼, 노자가 이들 미덕을 강조했다고 하여 소극적이고 패배적인 철학을 펼쳤다고 평가하는 것은, 역시 노자 철학의 본질을 제대로 파악한 것이라 하기 어렵다.

제68장

—

善爲士者, 不武; 善戰者, 不怒; 善勝敵者, 不與; 善用人者,
爲之下. 是謂不爭之德, 是謂用人之力, 是謂配天古之極.

훌륭하게 군사작전을 수행해 내는 사람은 무용(武勇)
으로써 하지 않고, 싸움을 잘하는 사람은 화를 내지 않
는다. 적을 잘 이기는 사람은 더불어 싸우지 않고, 사람
을 잘 쓰는 사람은 그의 아래가 된다.

이러함을 일컬어 '부쟁(不爭)의 덕'이라 하고, 이러함
을 일컬어 '사람을 잘 쓰는 능력'이라 하며, 이러함을 일
컬어 '하늘과 옛날에 필적한 표준'이라고 한다.

1. 이 장에서 노자는 '겸하'·'부쟁'이 지닌 또 하나의 측면을 역설(逆說)에 실어 설파하고 있다. '있음[有]'의 차원에 있는 그 어떤 것으로서도 낼 수 없는 성과를 내기 위해서는, '무용(武勇)으로써 하지 않음'·'화를 내지 않음'·'싸우지 않음'·'아래가 됨'이어야 한다고 함이 그것이다. 기막힌 역설이다.

2. 이들은 궁극적으로 '없음[無]'의 차원에 속하는 것이므로, 노자는 여기에서 '하늘과 옛날에 필적한 표준'이라 하고 있다.

제69장

—

用兵有言: "吾不敢爲主而爲客, 不敢進寸而退尺." 是謂行無
行, 攘無臂, 扔無敵, 執無兵. 禍莫大於輕敵, 輕敵幾喪吾寶.
故抗兵相加, 哀者勝矣.

　용병술과 관련하여 전해 오는 말이 있다. 즉 "나는 감
히 주동하여 먼저 공격하지 않고 손님처럼 수세를 취
하며, 감히 한 치도 나아가지 않고 차라리 한 자를 물러
난다"라고. 이를 일컬어 '행하지 않음을 행함', '없는 팔
뚝을 걷어붙임', '없는 적을 쳐부숨', '없는 병장기를 집
어 듦'이라고 한다.

　화(禍) 중에 적을 가벼이 여김보다 큰 것이 없으니, 적

을 가벼이 여겨서는 거의 나의 보배를 잃어버리게 된다. 그러므로 교전하고 있는 양쪽 군대가 병력이 서로 엇비슷하다면, 애통해할 줄 아는 쪽이 이긴다.

해설

1. 여기에서도 노자는 '없음[無]'의 차원에서 군사를 부림[用兵]에 대해 말하고 있다. '있음[有]'의 차원에서는, 대적하고 있는 적을 물리치기 위해서는 진격하는 것이 의의가 있고 또한 가치를 갖는다고 할 수 있다. 퇴각하는 것으로는 승리할 수 없기 때문이다. 그러나 전쟁에서도 인간의 인식능력 밖에 있는 것으로서 인간이 예측할 수 없는 요소들이 너무 많다. 따라서 '있음[有]'의 차원에 드러나는 것만으로는, 그리고 이 차원에서 의의와 가치를 갖는 것만으로는 승리할 수 없는 경우가 많다. 이기고도 지는 경우가 있고, 상처뿐인 영광도 있다.

여기에서 '손님처럼 수세를 취함[爲客]'·'차라리 한 자를 물러남[退尺]'이라 한 것들은 없음 차원에서의 용병(用兵)을 상징하는 말들이다. 마치 당면하고 있는 전쟁과 관련이 없는 것처럼 진격할 생각 없이 그저 수세만 취함, 한 치[寸]를 진격하느니 차라리 한 자[尺]를 물러남이라 하는 것들은, '있음[有]' 차원의 전쟁 논리에는 없을[無] 것이기 때문이다. 이는 마치 도(道)가 '있음'의 차원에서는 없는 것처럼[無] 보이는 것과도 같다.

그러나 노자는 죽자고 일변도로 진격하는 것보다는 이렇게 하는 것으로 전쟁의 승리가 가능하다고 보고 있다. 그래서 나는 이것을 '없음 차원의 용병술'이라 한 것이다. '행하지 않음을 행함', '없는 팔뚝을 걷어붙임', '없는 적을 쳐부숨', '없는 병장기를 집어 듦' 등은 그 구체적인 예들이다.

2. '맞닥뜨리고 있는 양쪽 군대가 병력이 서로 엇비슷하다면'이라 번역한 것은 부혁본(傅奕本)·돈황본(燉煌本)·백서본(帛書本)에 따른 것이다. 왕필본에는 이 구절이 '抗兵相加(항병상가)'로 되어 있는데, 이들 판본에는 '抗兵相若(항병상약)'으로 되어 있다. 내가 보기에 이들 판본을 따르는 것이 더 문맥상 부드러워서 이를 취한 것이다.

3. '애통해할 줄 아는 쪽이 이긴다'라고 한 것은, 장수가 휘하의 병사들에게 공감 능력 풍부하게 대하는 쪽이 이긴다는

의미다. 군대의 지휘관들은 대개 부하들에게 무지막지(無知莫知)하게 보이고, 무자비하게 보인다. 자신의 계급 높음을 내세우며 규율과 명령 일변도로 부대를 끌어가고, 부하들 속사정은 도외시하는 것으로 보이는 경우가 많다.

그래서 부하들에게 지휘관들은 공감 능력이 없어 보인다. 그런데 부하들에 대한 공감 능력이 풍부한 지휘관들이 있고, 이러한 지휘관들은 부하들의 마음을 얻는다. 부하들 마음에서 우러나오는 충성과 존경을 얻는 것이다. 이러한 장수들의 지휘를 받는 부하들은 대개 전쟁 상황에서 죽음도 불사한다. 따라서 서로 병력이 엇비슷하다면, 이러한 장수가 이끄는 군대가 승리한다는 것은 너무나 당연할 것이다.

4. 여기까지 몇 개의 장에 드러난 것들을 놓고 보면, 노자는 극단적 반전주의자가 아니다. 적을 가벼이 여겨서는 안 된다는 경구를 주고 있음에서도 이는 확인된다. 다만 도가의 원리에 의한 용병술, '없음[無]'의 차원에서 운용하는 용병술이 더욱 효과가 있음을 강조하는 것이 인상적이다.

제70장

—

吾言甚易知, 甚易行. 天下莫能知, 莫能行. 言有宗, 事有君.
夫唯無知, 是以不我知. 知我者希, 則我者貴. 是以聖人被褐
懷玉.

　나의 말은 너무나도 알기 쉽고, 너무나도 행하기에
쉽다. 그러나 이 세상 그 누구도 알지를 못하고, 행하지
를 못한다.

　말에는 주지(主旨)가 있고, 일에는 주재(主宰)함이 있
다. 그런데 나의 말은 이들로서 보면 오직 '알지 못함[無
知]'의 차원에 있는 것이니, 이러한 까닭에 이들은 나를
알지 못하는 것이다. 그리하여 나를 아는 사람은 드물

고, 나를 본받아서 행하는 사람은 더욱 희귀하다.

　이러한 까닭에 성인은 겉으로는 칡덩굴로 만든 거친 옷을 입고 속에는 구슬을 품고 있다.

1. '나의 말'은 도(道)에 대한 말이다. 그런데 도는 '없음(無)'의 차원에 있는 존재니, 이에 대한 말도 '없음'의 차원에 속하는 것이다. 그래서 '있음(有)'의 차원에 머무는 보통 사람으로서는 이를 알기 어렵다. 이들의 인식은 '있음'의 차원에 국한되고, 따라서 이 인식으로부터 얻은 개념도 '있음'의 차원에 한정된 것이니, 이들의 개념으로는 '없음'의 차원에 있는 '나의 말'을 이해할 수 없는 것이다. "나의 말은 이들로서 보면 오직 '알지 못함(無知)'의 차원에 있는 것"이라는 말에는 이러한 의미가 담겨 있다.

2. "이러한 까닭에 성인은 겉으로는 칡덩굴로 만든 거친 옷을 입고 속에는 구슬을 품고 있다"라는 말은, 속에 구슬이

라는 '빛남[光]', 즉 보통 사람으로서는 거의 알 수 없는 도에 대한 깨달음을 품고 있는 성인들이, 겉으로는 초라해 보인다는 것이다. 이러한 성인은 '있음[有]'의 차원에서 의미와 가치를 갖는 것들을 추구하지도 소유하지도 않아서 이들을 드러낼 리가 없다. 그래서 보통 사람 눈에 성인은 초라해 보일 수밖에 없다.

화려한 옷, 고급 차, 으리으리한 주택, 산해진미(山海珍味), 많은 시종(侍從) 등은 '있음[有]'의 차원에서나 의미를 갖고 가치를 갖는 것이어서, 이 차원에 함몰해 있는 사람들이 추구하는 것이다. 이른바 우리의 '강남 문화'는 이 차원에서 이루어진 것이다. 그런데 '없음[無]'의 차원에 있는 도를 깨달은 사람들에게 이러한 것들은 한갓 풀로 엮은 강아지처럼 하찮은 것에 지나지 않는다. 그래서 성인은 그 입성이 초라할 수밖에 없다. '겉으로는 칡덩굴로 만든 거친 옷을 입고 속에는 구슬을 품고 있다'라는 말은 이를 한 문장으로 압축해서 드러낸다고 할 수 있다.

—

제71장

知不知, 上; 不知知, 病. 聖人不病, 以其病病, 是以不病. 夫
唯病病, 是以不病.

　알면서도 알지 못한다고 함은 상등이고, 알지 못하면
서도 안다고 함은 병통이다. 성인은 병통이 없으니, 병
통을 병통으로 여기기 때문이다. 오직 병통을 병통으
로 여기니, 이러한 까닭에 병통이 되지 않는 것이다.

해 설

1. 알지 못하면서도 안다고 여기는 것, 또는 아는 체하는

것, 보통 사람으로서는 이로부터 자유롭기 어렵다. 나아가 알지 못하면서도 안다고 여기는 착각 속에 살아가는 것, 이것 또한 보통 사람으로서는 드물지 않은 현상이다.

심지어는 알지 못하면서도 남들에게는 아는 체하는 것조차 그렇게 드물지 않다. 학생들에게서 모르는 것을 질문받고는 자신이 모른다는 것을 드러내기 싫어 질문한 학생에게 오히려 화를 내거나 윽박지르는 교수·교사들, 우리 주변에서 어렵지 않게 발견한다. 실험 데이터를 조작하거나 날조하는 과학자들, 수사 결과를 조작하거나 날조하는 검찰·경찰들, 자신이 모른다는 것을 거짓과 변명으로 둘러대는 정치인들, 우리 역사와 주변에서는 그리 드물지 않다. 그래서 노자가 이제71장에서 지적하는 것들은, 우리에게서 멀리 동떨어진 현상이 아니라, 삶의 일상이라고도 할 수 있다. 하지만 우리는 이를 경계해야 한다.

2. 바로 이 제71장에서 지적하는 병폐·병통 때문에 우리의 삶이 더 힘들어질 수 있다. 진리와 진실, 사실이 살아진 자리에 거짓과 강변(強辯), 윽박지름이 자리잡을 수 있고, 누군가에게는 이러한 병폐·병통이 피해당사자의 일생과 주변 인물

들의 상황을 비극으로 몰아넣는 결과를 초래할 수 있기 때문이다. 특히 정치인이 모르면서도 알고 있는 것처럼 꾸며 대는 거짓말, 과학·의학과 검·경의 수사 결과에 자리 잡은 이 병폐·병통은 우리의 삶에 심각한 결과를 초래하기도 한다.

3. 인간으로서는 알 수 없는 것들이 이 세상에는 근본적으로 존재한다. 인간의 인식능력이 제한적이고 특정되어 있기 때문이다. 이 세상에는 이 인식능력을 벗어나 있는 영역·차원이 인식능력 속에 있는 것들에 비해 훨씬 더 넓고 크고 많다.

따라서 알지 못한다는 것은 부끄러워해야 할 일이 아니다. 인간은 그저 모른다는 사실에 겸손해야 하며, 아는 것을 안다고 하고, 모르는 것을 모른다고 해야 한다. 이 간단한 것을 실천하기가 그리도 어렵다. 그래서 노자는 이 점을 강조하며 우리에게 일깨움을 주고 있다.

제72장

━

民不畏威, 則大威至. 無狹其所居, 無厭其所生. 夫唯不厭,
是以不厭. 是以聖人自知不自見, 自愛不自貴. 故去彼取此.

　백성들이 통치자의 권위를 두려워하지 않으면, 장차
커다란 권위가 이르게 된다. 백성들을 몰아붙인 나머
지 이들이 발붙이고 살아갈 수조차 없도록 하지 말고,
백성들을 압박한 나머지 이들이 살아갈 수조차 없게
하지 마라.

　오직 백성들을 압박하지 않아야 백성들도 이러한 통
치자를 싫어하지 않는다. 이러한 까닭에 성인은 스스
로 아는 밝음이 있되 자신을 드러내지 않고, 스스로 사

랑하되 자신을 귀하게 여기도록 하지 않는다. 그러므
로 저것을 버리고 이것을 취한다.

해 설

1. "백성들이 통치자의 권위를 두려워하지 않으면, 장차
커다란 권위가 이르게 된다"라고 함에서 '커다란 권위가 이르
게 된다'라고 함은, 통치자의 압박이 너무 심한 나머지 그 인
내의 한계를 넘어서자 이제 백성들이 이를 참지 못하고 그 권
위를 인정하지 않으며 저항하여 들고 일어남을 의미한다.

역대 주석가 중에서는 이곳의 '위(威)'를 해로움으로 보며,
사람이 작은 해로움을 두려워하지 않고 무시하며 자꾸 범하
면 큰 해로움이 이른다는 것으로 풀이하는 사람이 있다. 그리
고 이 큰 해로움을 죽음이라 풀이한다.(河上公·吳澄 등) 그러나
이렇게 수신(修身)·수련(修練)의 측면에서보다는 사회적 의미
측면에서의 풀이가 더 절실하다고 보아 나는 이렇게 번역하
였다.

2. "저것을 버리고 이것을 취한다"라고 함에서 '저것'은 '자신을 드러냄[自見]'·'자신을 귀하게 여기도록 함[自貴]'이다. 노자는 여기에서 이렇게 해서는 안 됨을 강조하고 있다. 그래서 '이것'이라 한 것은 당연히 이렇게 하지 않음[不自見·不自貴]을 의미한다. 이는 곧 '불자(不自)~'의 원리에 따라 행함을 의미한다.

3. 이 장에서는 노자가 강조하는 통치술의 일단을 엿볼 수 있다. 그것은 다름 아니라 '백성을 두려워해라!'라는 것이다. 이는 백성을 통치자의 거울로 보는 것이다. 이 점에서는 유가의 위민(爲民) 사상과 별반 구별되어 보이지 않는다. 따라서 유(儒)·도(道)가 궁극에서는 통한다고 할 것이다.

제73장

—

勇於敢則殺, 勇於不敢則活. 此兩者或利或害. 天之所惡, 孰
知其故? 是以聖人猶難之. 天之道, 不爭而善勝, 不言而善應,
不召而自來, 繟然而善謀. 天網恢恢, 疏而不失.

'감히 함'에 용맹스러우면 죽이고, '감히 하지 않음'에
용맹스러우면 살린다. 이 두 가지는 이롭기도 하고 해
롭기도 하다.

　하늘이 싫어하는 바에 대해 뉘라서 그 까닭을 알까.
그래서 성인도 오히려 어렵게 여긴다.

　하늘의 원리는 싸우지 않고도 잘 이기고, 말하지 않
더라도 잘 응하며, 부르지 않더라도 스스로 오고, 느슨

하면서도 잘 꾀한다. 하늘의 그물은 넓고도 넓어서 성기지만 잃어버리지를 않는다.

1. 여기에서 '감히 함'은 굳셈[剛]에 속하고 나아감[進]에 속하며, '감히 하지 않음'은 부드러움[柔]에 속하고 물러남[退]에 속한다. 노자는 물론 '감히 하지 않음'을 장려하고 '감히 함'을 장려하지 않는다. 그래서 여기에서처럼 말하고 있는 것으로 보인다.

2. 하늘의 원리[天道]는 역시 '없음[無]'의 차원에 속한다. 그래서 '있음[有]'의 차원에 있는 인간의 인식능력의 밖에 있으므로, 인간의 개념과 가치, 나아가 인간의 논리 속에 들어오지 않는다. 따라서 인간의 관점에서는 역설(逆說)로 보이는 것이다. "싸우지 않고도 잘 이기고, 말하지 않더라도 잘 응하며, 부르지 않더라도 스스로 오고, 느슨하면서도 잘 꾀한다"라고 함에서 우리는 이를 확인할 수 있다. '싸우지 않음'과 '이김', '말

하지 않음'과 '(말함에) 응함', '부르지 않음'과 '(불러서) 옴', '느슨함'과 '꾀함' 등은 인간의 논리, '있음'의 논리로는 양립 불가능한데, 하늘의 원리에서는 이것이 가능한 것이다. 이러하므로 "성인도 오히려 어렵게 여긴다"라고 하는 것이다.

3. "하늘의 그물은 넓고도 넓어서 성기지만 잃어버리지를 않는다"라고 함에도 이러한 역설은 드러나 있다. 인간의 원리·유한의 논리에 비추어 보면, '그물코들이 넓고 성김'과 '(그물로 잡으려 하는 것들을) 잃어버리지 않음'은 양립 불가능한데, 하늘의 그물에서는 이것이 가능하다고 하기 때문이다.

4. '느슨하면서도 잘 꾀한다'라고 함에는 다음과 같은 의미가 들어 있다. 즉 '있음'의 논리·인간의 원리로 보면, 무슨 일을 꾀함에서 주도면밀하게 해도 성공할까 말까 하고, 느슨하게 꾀해서는 성공하기 어려움이 보통인데, 하늘의 원리에서는 그렇지 않다는 것이다. 하늘이 이렇게 심혈을 기울여 주도면밀하게 함이 인간의 인식능력 속에는 들어오지 않고, 그래서 '있음'의 논리·인간의 원리로는 느슨하다고 할 수밖에 없다. 그런데 결과를 놓고 보면, 하늘은 무엇이든 다 해내고 있다(無爲而無不爲)는 것이다.

제74장

—

民不畏死, 奈何以死懼之? 若使民常畏死而爲奇者, 吾得執
而殺之. 孰敢? 常有司殺者殺. 夫代司殺者殺, 是謂代大匠
斲. 夫代大匠斲者, 希有不傷其手矣.

　백성들이 죽음을 두려워하지 않을진대, 어찌 죽음으
로써 그들을 두렵게 하랴?

　만약에 백성들을 늘 죽음으로 두렵게 하며 기이한 짓
을 한 사람을 잡아서 죽인다고 할 것 같으면, 누가 감히
더 기이한 짓을 하겠는가?

　늘 죽임을 맡은 이가 있어서 죽이는 것이거늘, 이 죽
임을 맡은 이를 대신하여 죽인다고 한다면, 이는 위대

한 대목 장인을 대신하여 나무를 쪼개는 격이리라. 이렇게 대목 장인을 대신하여 나무를 쪼개는 사람치고 제 손에 상처를 입지 않는 이가 드물다.

해 설

1. 백성들을 궁지로 몰지 말라는 것이다. 쫓기던 쥐도 궁지에 몰리면 쫓던 고양이를 무는 법, 독재자의 학정으로 더 이상 견딜 수 없는 지경에 이르면, 백성들도 죽음을 불사하고 그 독재자에게 저항한다는 것이다.

사람 세상, 즉 인류공동체는, 크든 작든 모두 그 공동체 구성원들을 위해서 만들어지고 존속한다. 어떤 공동체든 그 존립 의의와 가치는 바로 여기에 있다. 그러므로 만약에 어떤 공동체가 그 구성원에게 해악을 주거나 손해를 입힘이 분명하면, 그 피해당사자는 그 공동체에서 빠져나오면 된다.

다만 국가 공동체에서는 이것이 그다지 쉽지 않다. 법률과 의무로 묶여 있기 때문이다. 상황이 이러한데도 어떤 국가 공동체의 집정자가 독재를 하며 자신과 자신을 둘러싼 소수에게만 이익이 가게 그 국가 공동체를 운영할 경우, 그 구성원들은 어느 정도까지는 이를 감내하며 운명처럼 견뎌 낼 것이다. 그러나 위정자의 패악과 학정이 감내의 임계점을 넘어서면, 그 구성원들은 이제 죽음을 불사하고 저항하며 일어난다. 이래 죽으나 저래 죽으나 죽는 것은 마찬가지라고 여기기 때문이다.

이에 해당하는 예를 동아시아의 역사에서는 드물지 않게 찾아볼 수 있다. 노자는 이 장에서 위정자들에게 이에 대한 경구(警句)를 주고 있다.

2. "백성들을 늘 죽음으로 두렵게 하며 기이한 짓을 한 사람을 잡아서 죽인다고 할 것 같으면, 누가 감히 더 기이한 짓을 하겠는가?"라는 것은, 독재자가 제멋대로 전횡하면서 속으로 하는 말에 해당한다. '기이한 짓'은 백성들이 하는 것 중에 독재자의 마음에 들지 않는 행위를 의미한다. 도저히 납득할 수 없을 만큼 '압수 수색'을 남발하는 것도 여기에 속한다고 할 수 있다.

사람의 죽음을 맡고 있는 존재는 하늘이다. 그런데 자신의 전횡에 취한 독재자는 이 하늘을 대신하여 '기이한 짓'을 하는 백성을 자기가 죽이는 것이라고 정당화할 수 있다. 그러나 대목 장인이나 할 수 있는 나무 쪼개기를 어떤 아마추어가 대신해서 하다가 보면 제 손에 상처를 입지 않음이 드물 듯이, 자신이 '기이한 짓'이라 여기는 행동을 하는 백성을 자기가 하늘을 대신하여 자신이 처단할 수 있다고 여기고 실제로 이렇게 행하다 보면, 역으로 자신이 해를 입게 된다는 것이다. 그 결과는 자신이 권력에서 쫓겨나거나 죽임을 당하는 것이다.

그 까닭은 무엇이겠는가. 이 또한 '저절로 그러함[自然]'을 거스르는 짓이기 때문이다.

제75장

一

民之饑, 以其上食稅之多, 是以饑; 民之難治, 以其上之有爲, 是以難治; 民之輕死, 以其上求生之厚, 是以輕死. 夫唯無以生爲者, 是賢於貴生.

백성들이 굶주리는 까닭은, 위에 있는 인간들이 세금을 먹어 버림이 많기 때문이다. 그래서 백성들이 굶주리는 것이다.

백성들 다스리기가 어려운 까닭은, 위에 있는 인간들이 유위(有爲)로써 하기 때문이다. 그래서 백성들을 다스리기가 어려운 것이다.

백성들이 죽음을 가벼이 여기는 까닭은, 위에 있는

인간들이 자기 사는 것만 추구함이 지나치기 때문이다. 그래서 백성들이 죽음을 가벼이 여기는 것이다.

오직 제 살 궁리에만 힘쓰지 않는 것이 제 생명을 귀히 여김보다 현명하다.

1. 이 장에서 노자는 앞장과 대동소이한 취지를 드러내고 있다. 국부(國富)의 총량은 정해져 있다. 그런데 이를 합리적으로 배분하지 않고 권력을 쥔 위 사람들이 독과점해 버린다면, 이 분배에서 소외된 다수의 백성이 그만큼 굶주릴 수밖에 없음은 당연한 귀결이다. 그리하여 이러한 분배가 극단적일 경우에는 백성들이 죽음을 불사하고 저항에 나설 것이다. "백성들이 죽음을 가벼이 여기는 것이다"라고 함은 바로 이를 가리킨다.

2. "위에 있는 인간들이 유위(有爲)로써 하기 때문이다"라고 함에서 '유위(有爲)'는 '인위적으로 무엇을 함이 없음[無爲]'에 반

하는 것이다. 위정자가 무슨 의도를 갖고 기획하여 백성들을 그쪽으로 몰고 가는 것을 말한다.

앞에서 여러 번 드러났듯이 노자는 이러한 정치 행위를 반대하고 배격한다. 위정자가 도(道)를 본보기로 삼아서 인위적으로 무엇을 하지 않고 백성들을 그대로 놓아둔다면, 백성들은 모두 '저절로 그러함[自然]'·'저절로 생겨나고 저절로 화함[自生自化]'에 의해 자기 성취를 하게 될 것이니, 국가 전체로는 무엇이든 다 이루어지는 결과를 이루게 된다는 것이다.[無爲而無不爲] 실제로 한(漢)나라 초기에는 황로도가(黃老道家)를 통치 이념으로 채택하여 상당한 성과를 거두었다. 이를 역사에서는 '문경지치(文景之治)'라 한다.

그런데 통치자가 무슨 의도를 갖고 기획하여 백성들을 그쪽으로 몰고 감에서 한 걸음 더 나아가 제 살 궁리에만 힘쓰며 이렇게 하는 것이라면, 그 결과가 더욱 참담하리라는 것은 불문가지(不問可知)다. 그래서 "오직 제 살 궁리에만 힘쓰지 않는 것이 제 생명을 귀히 여김보다 현명하다"라 하는 것이다.

—

제76장

人之生也柔弱, 其死也堅强. 萬物草木之生也柔脆, 其死也枯
槁. 故堅强者死之徒, 柔弱者生之徒. 是以兵强則不勝, 木强
則共. 强大處下, 柔弱處上.

　사람이 생겨나서는 부드럽고 연약하며, 죽어서는 뻣
뻣하고 단단해진다. 만물과 풀·나무 등이 생겨나서는
부드럽고 무르며, 죽어서는 말라비틀어진다.

　그러므로 뻣뻣하고 단단한 것들은 죽음의 무리이고,
부드럽고 연약한 것들은 사는 무리다.

　이러한 까닭에 군대가 강하기만 하면 승리하지 못하
고, 나무가 강하면 사람들이 함께해서 베어 낸다. 강하

고 큰 것은 아래에 자리 잡고, 부드럽고 약한 것은 위에
자리 잡는다.

해 설

1. 여기에서 노자는 다시 '부드럽고 연약함[柔弱]'과 '뻣뻣하
고 단단함[堅強]'을 대비시키며, 이들을 각각 '삶'과 '죽음'에 배
당하여 설파하고 있다. '있음[有]'의 차원에서는 일반적으로 '부
드럽고 연약함'보다는 '뻣뻣하고 단단함', 나아가 '굳세고 강
함[剛強]'을 더 높이 치며 추구한다. 경쟁과 힘의 논리를 반영
한 경향이다. 물론 반대의 경우도 없는 것은 아니다. 그런데
'없음[無]'의 차원에서는 '부드럽고 연약함'이 더 우월하다는 것
이다.

노자는 이를 우리에게 이해시키기 위해, 사람의 존재를 근
본적으로 가르는 삶과 죽음을 놓고, "만물과 풀·나무 등이 생
겨나서는 부드럽고 무르며, 죽어서는 말라비틀어진다"·"부
드럽고 연약한 것들은 사는 무리다"라고 함으로써, 그 의미의

절실함을 더하고 있다. 이는 제40장에서 "약함은 도의 쓰임이다"라고 했던 것과도 일맥상통한다. 이는 '굳세고 강함[剛强]'을 더 높이 치는 문화와 논리에 대한 통절한 반박이라 할 수 있다.

2. 부드럽고 연약해야 자신을 내세우지 않고[不自一] 겸허(謙虛)할 수 있으며, 그래서 남과의 화합·공존이 가능하다. 이를 받아서 하상공은, 유약한 기(氣)라야 조화를 이루는 기[和氣]가 될 수 있다고 풀이한다.

이와는 반대로 '뻣뻣하고 단단함', 나아가 '굳세고 강함'이어서는 좀처럼 자신을 비우거나 뒤로 세우려 들지 않고, 그보다는 한사코 자신을 내세우려 할 것이다. '있음'의 차원에서는 이렇게 하는 것이 더 잘 나아가고 남들을 이기는 것 같지만, 노자는 이렇게 하는 것들이 죽음으로 가는 무리라 하고 있다. 심지어 강함을 추구하는 것이 군대인 것 같으나, 사실 강함 일변도로 나아가고 작전을 펼쳐서는 군대조차도 승리하지 못한다고 하고 있다. 여기에서 우리는 노자 철학의 심오함을 엿볼 수 있다.

3. "강하고 큰 것은 아래에 자리 잡고, 부드럽고 약한 것

은 위에 자리 잡는다"라고 한 것 역시 '있음[有]'의 논리와는 거꾸로 가는 것이다. 그러나 이 장의 취지와 정확하게 일치하는 것이고, 제8장에서 "최고의 선(善)은 물과 같다. 물은 만물을 잘 이롭게 하면서도 다투지 않고 뭇사람들이 싫어하는 곳에 거처한다. 그러므로 도(道)에 가깝다"라고 했던 것과도 일맥상통한다. 노자는 '부드럽고 연약함'을 '강하고 큰 것'보다 더 높이 치는 것이다.

4. "木强則共(목강즉공)"이라 한 판본에 충실하게 "나무가 강하면 사람들이 함께해서 베어 낸다"라고 번역하였지만, 어딘가 어색할 것이다. '共(공)' 자 때문이다. 주석가에 따라서는 이 '공' 자를 '拱(공)' 자로 보아서, "나무가 아름드리 이상으로 커지면 반드시 베어진다"라는 의미로 풀이하는 사람도 있다.[22] 그런데 『열자』의 「황제(黃帝)」 편과 『회남자』, 「원도훈(原道訓)」 편에서는 이 '共(공)' 자를 '折(절)' 자로 쓰고 있다. 이렇게 보면, "나무가 강하면 부러진다"라는 것이 되어, 이 장의 취지와 일치하게 된다.

---

22 蘇轍, 『老子解』: 木自拱把以上, 必伐矣.

제77장

—

天之道, 其猶張弓與? 高者抑之, 下者擧之, 有餘者損之, 不
足者補之. 天之道損有餘而補不足, 人之道則不然, 損不足以
奉有餘. 孰能有餘以奉天下? 唯有道者. 是以聖人爲而不恃,
功成而不處, 其不欲見賢.

　하늘의 도(道)는 마치 활을 당기는 것 같도다! 높은 것
은 누르고 낮은 것은 들어 올리며, 남는 것에서는 덜어
내고 부족한 것에는 도와준다.

　하늘의 도는 남는 것에서 덜어 내어 부족한 것에 도
와주는데, 사람의 도는 그렇지 않아서 부족한 것에서
덜어 내다가 남는 것을 받든다.

뉘라서 남는 것으로써 세상 사람들을 받들 수 있을까? 오직 도를 가진 사람만이 이렇게 할 수 있다. 이러한 까닭에 성인은 해 주면서도 으스대지 않고, 공이 이루어지더라도 자신이 차지 않으니, 자신이 현명하다는 것을 드러내고 싶지 않기 때문이다.

해 설

1. 활쏘기에서 '높은 것은 누르고 낮은 것은 들어 올리며, 남는 것에서는 덜어 내고 부족한 것에는 도와준다'라는 것은, 활을 쏘았는데 화살이 과녁보다 높이 날아갔다면 그다음에는 낮추고, 낮게 날아갔다면 그다음에는 높이며, 활을 당기는 힘이 너무 과도하게 들어갔으면 그다음에는 힘을 줄이고, 힘이 너무 부족하였으면 그다음에는 힘을 더한다는 것이다. 한마디로 균형을 지향하는 것이다.

2. 이 장에서 노자는 하늘의 도와 사람의 도를 비교하고 있다. 다름 아니라 하늘의 도는 균형을 지향함에 비해, 사람

의 도는 사람 세상을 장악하고 있는 자들의 욕구를 지향한다는 것이다. 그 결과 가난한 사람은 더욱 가난해지고[貧益貧] 부유한 사람은 더욱 부유해지는[富益富], 아비규환(阿鼻叫喚)의 상황이 출현하기도 한다. 그러므로 사람의 도에 따르면 파국이 올 수 있지만, 하늘의 도에 의하면 영원히 지속할 수 있다.

3. 노자는 여기에서 성인의 태도에는 하늘의 도를 반영한 혜안이 담겨 있다고 한다. 즉 해 주면서도 자신을 드러내지 않는 것, 또 자기의 것으로서 차지하지 않는 것, 이것이 바로 하늘의 도를 반영한 성인의 삶이고 자세라는 것이다.

여기에서 우리는 '불자(不自)~'의 원리를 다시 확인하게 된다. 이렇게 해야 '자기'라는 특수(particular)를 초월하여 보편(universal)의 차원이 될 수 있다.

제78장

—

天下莫柔弱於水, 而攻堅强者, 莫之能勝, 以其無以易之. 弱
之勝强, 柔之勝剛, 天下莫不知, 莫能行. 是以聖人云, "受國
之垢, 是謂社稷主; 受國不祥, 是謂天下王." 正言若反.

이 세상에 물보다 부드럽고 약한 것이 없지만, 굳
세고 강한 것을 치는 데서 그 어떤 것도 물을 이길 수
가 없다. 그리하여 그 어떤 것도 이 물을 대체할 수가
없다.

약함이 강함을 이기고 부드러움이 굳셈을 이긴다는
것, 이 세상 그 누구도 이를 모르는 사람이 없지만 이를
행동에 옮기는 사람은 없다.

이러한 까닭에 성인은, "나라의 더러운 때를 받으니, 이를 일컬어 '사직의 주인'이라 한다. 나라의 상서롭지 않음을 받으니, 이를 일컬어 '세상 사람들의 왕'이라 한다"라고 말한다.

　올바른 말은 역설(逆說)과 같다.

해 설

　1. 물과 부드러움·연약함이 지닌 역설(逆說)을 말하고 있다. 이는 제43장에서 "이 세상 가장 부드러운 것이 이 세상의 가장 견고한 것들을 부린다[天下之至柔, 馳騁天下之至堅]"라고 했던 것과도 일맥상통한다. 이들은 견강(堅剛)·강강(剛强)을 높이는 문화나 태도에 대한 통절한 반박이라고도 할 수 있다. 역시 '있음[有]'의 차원보다는 '없음[無]'의 차원을 고려해야 이해할 수 있는 면이다.

　2. '사직의 주인'이나 '세상 사람들의 왕'이란 사람 세상의 우두머리를 지칭한다. 옛날 왕조에서는 그 정당성과 정통성

을 사직과 종묘에 두었다. 사직에서 '사(社)'는 토지신을, '직(稷)'은 곡식신을 의미한다. 농경사회였으므로 이들 토지신과 곡식신의 가호(加護)를 받아야만 생산과 연명이 가능했기에, 또 하느님[天帝]과 함께 있는 조상신들에 의해서 승인과 인정을 받아야만 왕조를 유지할 수 있었기에 그렇게 하였던 것이다.

3. 사람 세상의 우두머리가 되고 그 역할을 제대로 수행하기 위해서는 그 권위와 힘을 내세우며 군림해서는 안 된다는 것이, 노자가 시종일관 강조하는 것이다. 군림하는 폭군이 아니라 우두머리로서 자신이 이끄는 공동체의 구성원들에게 살맛 나는 세상을 열어 주려면, 실제로 굴욕을 감수해야 할 경우도 있을 것이고, 자기를 내려놓고 구성원들에게 다가가 부드럽게 어루만져야 할 경우도 있을 것이다. 또 풀리지 않는 문제로 고심하며 그 해결을 꾀하기 위해 각고의 나날을 보내야 할 수도 있고, 억울하게 악평과 비난을 받을 수도 있을 것이다.

나라, 즉 사람 세상의 우두머리로서 이를 끌고 나아가려면 구성원들의 비판과 원망, 여망 등을 받아들여 하는데, 그러자면 부드러움과 연약함의 원리·불자(不自)~의 논리에 따르지 않을 수가 없는 것이다. 어떻게 보면, 자신을 가장 밑바닥에 두는 이라야 나라를 제대로 다스릴 수 있다고 할 수 있을 것이다. "이 세상에 물보다 부드럽고 약한 것이 없지만, 굳세고 강한 것을 치는 데서 그 어떤 것도 물을 이길 수가 없다. 그리하여 그 어떤 것도 이 물을 대체할 수가 없다"라는 말은 이를 은유하는 말이다.

이렇게 보면, 노자가 여기에서 "나라의 더러운 때를 받으니, 이를 일컬어 '사직의 주인'이라 한다. 나라의 상서롭지 않음을 받으니, 이를 일컬어 '세상 사람들의 왕'이라 한다"라고 한 말이 충분히 이해되리라 본다. 이러한 까닭에 우두머리라는 직책이 결코 선망의 대상이 될 수만은 없다.

제79장

和大怨, 必有餘怨, 安可以爲善? 是以聖人執左契, 而不責於
人. 有德司契, 無德司徹. 天道無親, 常與善人.

　큰 원한은 화해한다고 해도 반드시 찌꺼기 원한을 남
긴다. 그러니 어떻게 좋게 할 수 있겠는가?

　이러한 까닭에 성인은 차용증 부본을 손에 쥐고서 빚
갚으라고 사람들을 강박하지 않는다.

　덕 있는 사람은 차용증을 맡고, 덕 없는 사람은 강제
징수를 맡는다.

　하늘의 도는 사사로운 친함이 없으니, 늘 좋은 사람
과 함께한다.

1. 큰 원한은 화해해도 뒤끝이 남는다. 그러므로 가장 좋은 것은 원한을 맺지 않는 것인데, 그러자면 청정무위(淸靜無爲)한 삶을 사는 것이 가장 낫다. '있음[有]'과 긍정의 차원에서는 아무리 잘해도 문제가 여전히 남기 때문이다. '없음[無]'의 차원에 있는 청정무위한 삶은 하늘의 원리에 따라서 사는 삶으로서, 사사로운 친함을 뛰어넘는다. 즉 사람의 관점에서 좋다고하는 것들을 뛰어넘는 삶이다. 이러한 삶에서는 아예 원한을 살 일이 없다.

다만 이러한 삶은 '있음'과 긍정의 차원을 넘어서는 것이므로, 그 내용을 무엇이라고 규정할 수가 없다. 부정의 차원에서 그저 청정(淸靜)·무위(無爲)라 할 수밖에 없다. 즉 자신의 욕구와 감정에 흔들림이 없이[淸靜] 인위적으로 무엇을 함이 없는 [無爲] 삶이라는 것이다.

2. 덕 있는 사람이 차용증을 맡는다는 것은, 성인처럼 그 차용증 부본을 손에 쥐고서 빚 갚으라고 사람들을 강박하지 않는다는 의미다. 이렇게 하면 원한을 살 일이 없다. 이와 반대로 강제 징수를 하면 반드시 원한을 남기게 된다.

제80장

一

小國寡民. 使有什佰之器而不用; 使民重死而不遠徙; 雖有舟輿, 無所乘之; 雖有甲兵, 無所陳之. 使人復結繩而用之. 甘其食, 美其服, 安其居, 樂其俗. 隣國相望, 鷄犬之聲相聞, 民至老死不相往來.

나라는 작게 하고 백성 수는 적게 하라.

온갖 기구(器具)들이 있다 하더라도 사용하지 말고, 백성들이 죽음을 무겁게 여겨 멀리 옮겨 다니지 않도록 하라. 배와 수레가 있더라도 탈 일이 없게 하며, 군대가 있더라도 펼칠 일이 없도록 하라.

사람들에게 아득한 옛날 새끼를 꼬아서 일을 기록하

던 상태로 돌아가도록 하라. 지금 먹는 것을 맛있게 여기고, 지금 입은 것을 아름답게 여기며, 지금의 거처에 편안해하고, 지금의 하는 방식을 즐기라.

이웃 나라들끼리 서로 마주 바라보며 닭 우는 소리와 개 짖는 소리가 들릴 정도라 하더라도, 백성들이 늙어 죽을 때까지 서로 왕래하지 말게 하라.

해 설

1. 이 장에는 노자의 반문명(反文明), 반예악(反禮樂), 반유가 (反儒家)의 관점이 여실하게 드러나 있다. 사람들에게 자주 인용되는 유명한 구절이다.

2. 공자는 나라의 백성들 수가 많아져야 하고[庶], 또 이들이 다 풍족한 삶을 누리게 해야 하며[富], 이러한 요건이 갖추어진 뒤에는 교육을 통해 이들의 사람됨을 높이 끌어올려서[敎] 나라의 운영이 잘 돌아갈 수 있게 해야 한다고 하였다. 물론 이 셋 중에서 가장 중요한 것은 교육을 통한 교화라

하였다.[23]

이렇게 말하는 공자는, 인구가 많고 국민 모두 부유한 나라에서 국민이 그 나라를 원활하게 운용하는 데 필요한 예(禮)·의(義)를 모르면, 짐승과 같아진다고 본 것이다. 또 이러한 상황에서는 국가 공동체의 운용이 어려우니, 교육·교화에 의해 백성들을 교육하여 사람됨을 기해야만, 비로소 사람 세상으로서의 국가 공동체가 제대로 돌아가리라 본 것이다.

이처럼 유가에서는 국가 공동체 구성원들의 번성과 부유를 목표로 하며, 이를 이룬 세상을 잘 유지·운용하기 위해서 구성원들에게 교육·교화를 시행해야 한다고 한다. 인·의·예·지라는 네 덕[四德]이 요청되는 것도 이 공동체를 잘 유지하고 운용하기 위해서다. 따라서 유가에서는 인위(人爲), 즉 유위(有爲)가 필수 불가결하다.

3. 그런데 노자는 유가의 이러한 방식이 지닌 문제점을 본 것이다. 그래서 이러한 방식으로는 안 된다고 보고, 노자는

---

23 『論語』, 「子路」: 子適衛, 冉有僕. 子曰, "庶矣哉!" 冉有曰, "既庶矣, 又何加焉?" 曰, "富之." 曰, "既富矣, 又何加焉?" 曰: "敎之."

도(道)가 지닌 '인위적으로 무엇을 하지 않음으로써 하지 않은 것이 없음[無爲而無不爲]'을 거론하며(제37장, 제48장), 사람 세상을 이끌어 가는 우두머리들에게 이를 최고의 실현 원리로서 강조한 것이다. 이에 대해서는 지금까지 많이 거론했다고 본다.

이렇게 하면 필연적으로 반문명(反文明), 반예악(反禮樂)으로 갈 수밖에 없고, 반유가(反儒家)로 흐를 수밖에 없다. 그러자면 또 나라는 작고 백성은 적어야[小國寡民] 한다. 나라가 크고 백성이 많으면[大國多民], 청정(淸靜)·무위(無爲)를 실현하기가 거의 불가능하기 때문이다. "이웃 나라들끼리 서로 마주 바라보며 닭 우는 소리와 개 짖는 소리가 들릴 정도라 하더라도, 백성들이 늙어 죽을 때까지 서로 왕래하지 말게 하라"라는 이 장의 마지막 구절에서, 우리는 그 구체적인 예를 확인할 수 있다.

제81장

—

信言不美, 美言不信. 善者不辯, 辯者不善. 知者不博, 博者
不知. 聖人不積, 旣以爲人己愈有, 旣以與人己愈多. 天之道,
利而不害; 聖人之道, 爲而不爭.

미더운 말은 아름답지 않고, 아름다운 말은 미덥지
않다. 착한 사람은 말을 교묘하게 꾸며대지 않고, 말을
교묘하게 꾸며 대는 사람은 착하지 않다. 아는 사람은
박학(博學)하지 않고, 박학하는 사람은 알지 못한다.

성인은 쌓아 두지를 않으니, 이미 남들을 위해 줌으
로써 자기가 오히려 더욱 갖게 되고, 이미 남들에게 줌
으로써 자기가 더욱 많아지게 된다.

하늘의 작동 원리[道]는 이롭게만 하며 해를 입히지 않
고, 성인의 행동 원리[道] 또한 위해 주기만 하지 남과 다
투지를 않는다.

1. 이 장에서도 노자는 역설(逆說)로써 진리를 말하고 있다.
즉 '있음[有]'의 차원에서 우위에 있는 것과 반대되는 것에 보
편의 절대성이 있다는 것이다. 남을 위해 줄수록 자기가 더욱
갖게 되고, 남에게 줄수록 자기가 더 많아진다는 것도 마찬가
지다. 여기에서 '있음'의 차원에 있는 논리는 힘을 잃는다. '있
음'의 차원에서는 하나라도 남에게 주지 않고 자기 것으로 해
야만 자기 것이 많아질 텐데, 남에게 줄수록 자기가 더 많아진
다고 하기 때문이다. 이 역설은 '없음[無]'의 차원에서라야 성립
한다.

그러므로 탐욕과 본능의 주체로서 '자기'를 없애야 함이 의
미를 갖게 된다. 이렇게 함이 '있음'의 차원에서 '없음'의 차원

으로 초월해 가는 관건이다. 이렇게 되면 자연히 '있음'의 차원에서 의미와 가치를 지닌 것들을 추구하지 않게 될 것이다.

2. 하늘의 원리에는 '없음(無)'의 논리가 작용하고 있다. 가장 이상적인 사람으로서의 성인의 행동 원리에도 없음의 논리가 작용하고 있다. 탐욕과 본능의 주체로서 '자기'를 없애고, '불자(不自)~'의 원리로써 보편의 대공(大公)을 실현하기 때문이다.

3. "아는 사람은 박학(博學)하지 않고, 박학하는 사람은 알지 못한다"라고 함에서는 '지(知)'에 대한 노자의 관점이 드러나 있다. 지금까지 본 것처럼 노자는 이 '지'에 대해서 이중적인 태도를 취하고 있다. 이에 대해서 알아보기로 하자.

"늘 백성들에게 아는 것도 없게 하고 욕심도 없게 한다. 많이 아는 이가 감히 무엇을 하지 못하게 해야 한다"[24], "머리 좋은 이들이 출현하자 거대한 허위가 있게 되었다"[25]라고 하는 말들에서는 '지'에 대한 노자의 부정적 관점이 드러나 있다.

---

24 제3장: 常使民無知無欲. 使夫智者不敢爲也.
25 제18장: 慧智出, 有大僞.

이 말들에서 '지'는 유가·묵가 등에서 말하는 '지'라 할 수 있다. 이러한 '지'는 많이 알수록 의의와 가치가 있다. 즉 '박학(博學)'이 의의를 갖고 강조된다. 그래서 유가와 묵가에서는 많이 아는 사람들이 높은 자리를 차지하고서 나라를 이끌어 간다. 이를 당연시한다.

그러나 노자는 이러한 '지'는 '있음(有)'의 차원에 한정된 '쪼가리 지식'이라 보고, 이러한 '지'로는 도(道)에 대한 깨달음이 불가능할 뿐만 아니라, 오히려 이러한 '지'가 그 깨달음을 방해한다고 여겨서 이렇게 부정한 것이다. 나아가 이러한 '지'는 나쁜 쪽으로 활용되고, 나라를 혼란케 하는 쪽으로 작용한다는 측면에서도 반대하였다.

이에 비해 "화합함을 아는 것을 '한결같음(常)'이라 하고, 한결같음을 아는 것을 '밝음(明)'이라 한다"[26], "남을 아는 사람은 그저 아는 정도일 따름이지만, 자신을 아는 사람은 현명하다(知人者智, 自知者明)"라고 하는 말들은, '지'에 대한 노자의 긍정적 관점을 잘 드러내 주고 있다. 이 말들에서의 '지'는 도가에서

---

26 제55장: 知和曰常, 知常曰明.

말하는 '지'다. 이렇게 '지'에 대해 긍정하는 태도를 보면, 노자를 일방적으로 '반지(反知)주의자'라 몰아붙일 수 없을 것이다.

다만 도가에서의 '지'는 '도'에 대해서 깨닫는 것이다. 그러자면 '있음[有]'의 차원에서 이루어진 '지'는 이 깨달음에 방해가 되므로 덜어 내야 한다. 그래서 노자는 "배움을 행함에서는 날마다 보태고, 도를 행함에서는 날마다 덜어 낸다. 덜어 내고 또 덜어 내서 무위(無爲)에 이르러야 한다"[27]라고 하였던 것이다. 이러한 '지'는 박학(博學)을 지양한다. "아는 사람은 박학(博學)하지 않고, 박학하는 사람은 알지 못한다"라고 함에는 이러한 의미가 담겨 있다.

---

27 제48장: 爲學日益, 爲道日損. 損之又損, 以至於無爲. 無爲而無不爲. 取天下常以無事;
    及其有事, 不足以取天下.

도덕경
읽기

[세창명저산책]

· 세창명저산책은 계속 이어집니다.